本丛书编委会◎编

成语故事

CHENGYU
GUSHI

BENCONGSHU
BIANWEIHUI BIAN

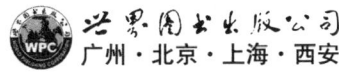

世界图书出版公司
广州·北京·上海·西安

图书在版编目（CIP）数据

成语故事／《青少年必读丛书》编委会编．—广州：广东世界图书出版公司，2009. 10 （2024.2 重印）

（青少年必读丛书）

ISBN 978 - 7 - 5100 - 1180 - 1

Ⅰ. 成…　Ⅱ. 青…　Ⅲ. 汉语—成语—故事—青少年读物

Ⅳ. H136. 3 - 49

中国版本图书馆 CIP 数据核字（2009）第 177906 号

书　　名　成语故事
　　　　　CHENGYU GUSHI
编　　者　《青少年必读丛书》编委会
责任编辑　陈晓妮
装帧设计　三棵树设计工作组
出版发行　世界图书出版有限公司　世界图书出版广东有限公司
地　　址　广州市海珠区新港西路大江冲 25 号
邮　　编　510300
电　　话　020-84452179
网　　址　http://www.gdst.com.cn
邮　　箱　wpc_gdst@163.com
经　　销　新华书店
印　　刷　唐山富达印务有限公司
开　　本　787mm × 1092mm　1/16
印　　张　13
字　　数　160 千字
版　　次　2009 年 10 月第 1 版　2024 年 2 月第 11 次印刷
国际书号　ISBN　978-7-5100-1180-1
定　　价　49.80 元

　　成语是汉语词汇宝库里的璀璨明珠。它是长期以来人们在相沿习用的过程中,形成的形式简洁而意义精辟的固定短语。

　　成语结构严谨,表现性强,具有庄重典雅的书面语色彩,历来为人们喜闻乐用。不论讲话或作文,准确恰当地镶嵌或点缀一些成语,会使语言锦上添花。

　　成语多出自古代典籍、寓言、诗词、歌赋等,许多隐含着丰富的传奇轶事或历史典故。

　　例如来源于神话寓言的成语有:"叶公好龙"出自于《新序·杂事》;"塞翁失马"出自于《淮南子·人间训》;"守株待兔"出自于《韩非子·五蠹》;"刻舟求剑"出自于《吕氏春秋·察今》等。 来源于历史故事的成语有:"完璧归赵"出自于《史记·廉颇蔺相如列传》;"闻鸡起舞"出自于《晋书·祖逖传》;"夜郎自大"出自于《汉书·西南夷传》;"望梅止渴"出自于《世说新语·假谲》。来源于诗文的成语有:"投畀豺虎"出自于《诗经·小雅·巷伯》;"待价而沽"出

自于《论语·子罕》；"东窗事发"出自于元代刘一清的《钱塘遗事》；"凤毛麟角"出自于明代汪廷讷的《种玉记·尚主》等。

成语不论来源于哪里，都包含了政治、经济、军事、外交、科学、民俗、艺术、哲学等许许多多的知识，我们完全可以通过成语的桥梁作用了解到更加丰富的知识，同时也会加深对成语的理解和掌握。许多成语是特定的历史产物，随着时代的发展变化，语言文字由文言文变成了白话文，文字也由繁变简了，但它以其独特的作用和魅力变得更加典雅，常用常新，使其不断丰富和发展，不断为语言文字增辉加彩。

为了帮助广大读者学习和掌握好成语，我们从浩瀚的成语中精选了大量具有历史性、故事性、艺术性、寓意性、哲理性、趣味性、时代性等特点的成语，编写成了这本《成语故事》。该书注重知识性、可读性和完整性，每个成语都具有出处、释义、故事三大部分。相信对广大读者能够起到陶冶情操、加强艺术和语言文字修养的作用。

画蛇添足 …………………………………………… 1

亡羊补牢 …………………………………………… 2

纸上谈兵 …………………………………………… 4

夜郎自大 …………………………………………… 6

守株待兔 …………………………………………… 7

刻舟求剑 …………………………………………… 8

郑人买履 …………………………………………… 9

画饼充饥 …………………………………………… 10

老马识途 …………………………………………… 11

江郎才尽 …………………………………………… 12

精卫填海 …………………………………………… 13

风声鹤唳，草木皆兵 …………………………… 14

指鹿为马 …………………………………………… 16

掩耳盗铃 …………………………………………… 17

胸有成竹 …………………………………………… 18

空中楼阁 …………………………………………… 19

两袖清风 …………………………………………… 20

程门立雪 …………………………………………… 22

望梅止渴 …………………………………………… 24

惊弓之鸟 …………………………………………… 26

狡兔三窟 …………………………………………… 27

闻鸡起舞 …………………………………………… 29

围魏救赵 …………………………………………… 31

破釜沉舟 …………………………………………… 32

对牛弹琴 …………………………………………… 33

Contents

毛遂自荐 …………………………………… 34

三顾茅庐 …………………………………… 35

洛阳纸贵 …………………………………… 37

神机妙算 …………………………………… 38

南柯一梦 …………………………………… 39

悬梁刺股 …………………………………… 41

朝三暮四 …………………………………… 43

万事俱备，只欠东风 ……………………… 44

南辕北辙 …………………………………… 46

负荆请罪 …………………………………… 47

磨杵成针 …………………………………… 48

高山流水 …………………………………… 49

杯弓蛇影 …………………………………… 51

塞翁失马 …………………………………… 52

打草惊蛇 …………………………………… 54

后来居上 …………………………………… 55

天衣无缝 …………………………………… 56

三过其门而不入 …………………………… 58

图穷匕见 …………………………………… 60

不遗余力 …………………………………… 61

囫囵吞枣 …………………………………… 63

一诺千金 …………………………………… 64

先发制人 …………………………………… 66

尔虞我诈 …………………………………… 67

入木三分 …………………………………… 68

游刃有余 …………………………………… 69

四面楚歌 …………………………………… 70

多多益善 …………………………………… 72

鸟尽弓藏 …………………………………… 73

有恃无恐 …………………………………… 74

大器晚成 …………………………………… 76

刚愎自用 …………………………………… 77

嗟来之食 …………………………………… 79

运筹帷幄 …………………………………… 80

东窗事发 …………………………………… 81

望洋兴叹 …………………………………… 82

和璧隋珠 …………………………………… 83

暗渡陈仓 …………………………………… 85

黄粱一梦 …………………………………… 86

前车之鉴 …………………………………… 87

安居乐业 …………………………………… 90

八面威风 …………………………………… 91

逼上梁山 …………………………………… 93

车水马龙 …………………………………… 94

杯弓蛇影 …………………………………… 95

不拘小节 …………………………………… 96

大公无私 …………………………………… 98

鸡犬升天 …………………………………… 100

刮目相看 …………………………………… 101

金石为开 …………………………………… 103

老当益壮 …………………………………… 104

各得其所 …………………………………… 105

盘根错节 …………………………………… 106

破镜重圆 …………………………………… 108

歧路亡羊 …………………………………… 110

日暮途穷 …………………………………… 111

世外桃源 …………………………………… 113

退避三舍 …………………………………… 114

完璧归赵 …………………………………… 116

项庄舞剑 …………………………………… 118

叶公好龙 …………………………………… 120

一鸣惊人 …………………………………… 122

坐观成败 …………………………………… 123

按兵不动 …………………………………… 125

百折不挠 …………………………………… 126

不识时务 …………………………………… 128

乘风破浪 …………………………………… 129

覆水难收 …………………………………… 130

大喜过望 …………………………………… 132

孤注一掷 …………………………………… 134

好谋无断 …………………………………… 136

鸡鸣狗盗 …………………………………… 137

集思广益 …………………………………… 139

揭竿而起 …………………………………… 140

Contents

见利忘义 …………………………………… 141

口若悬河 …………………………………… 143

胯下之辱 …………………………………… 144

狼狈不堪 …………………………………… 146

萍水相逢 …………………………………… 147

奇货可居 …………………………………… 149

人心所向 …………………………………… 151

与虎谋皮 …………………………………… 154

言过其实 …………………………………… 155

想当然耳 …………………………………… 158

病入膏肓 …………………………………… 159

半面之交 …………………………………… 160

不修边幅 …………………………………… 162

不名一钱 …………………………………… 164

乘兴而来 …………………………………… 165

惩一儆百 …………………………………… 167

大腹便便 …………………………………… 168

暗送秋波 …………………………………… 170

兵不厌诈 …………………………………… 172

重于泰山 …………………………………… 173

予取予求 …………………………………… 175

乌合之众 …………………………………… 176

外强中干 …………………………………… 177

同流合污 …………………………………… 179

身先士卒 …………………………………… 181

失之东隅,收之桑榆 …………………… 182

螳螂捕蝉,黄雀在后 …………………… 183

三十六计,走为上计 …………………… 186

忍辱负重 …………………………………… 188

人死留名 …………………………………… 190

及锋而试 …………………………………… 191

八斗之才 …………………………………… 193

不寒而栗 …………………………………… 194

风马牛不相及 …………………………… 196

功败垂成 …………………………………… 197

好大喜功 …………………………………… 198

画蛇添足

传说，从前楚国有一个管理祠堂的人，有一次祭祀祖先之后剩下一壶酒，他想赏给手下的人喝，可是人多酒少，大家都喝是不够的，如果赏给个人喝，那就能喝个痛快。于是有人提议："每人都来画条蛇，谁先画完酒就归谁。"

大伙都赞成这个办法，于是都赶忙画起来。其中有一个人画得最快，转眼之间便画完了。

可是他看到其他几个人都还没有画好，便想趁机显示一下自己的才能，就一手提壶，一手擎笔，得意洋洋地嚷道："我还要给它画上几只脚哩！"

可是就是他画蛇足的时候，另一个已经把蛇画好了，夺去了酒壶，喊道："蛇本来没有足，你怎么硬给它画上足呢？"

说完，便把酒喝干了。而那位画蛇足的人只好举目呆望了。从此以后，这"画蛇添足"的成语，便被人们用作讽刺单凭主观想象、干多余事的蠢材了。

【出处】 《战国策·齐策二》
【释义】 比喻多此一举，弄巧成拙。

亡羊补牢

战国末期,楚国已由强盛走向衰败。特别是楚襄王即位以后,他任命奸臣子兰为令尹,自己躲进深宫整日整夜与后妃们寻欢作乐。

子兰把持朝政后使小人得志,贤臣失意。朝纲破坏殆尽,国土逐渐被蚕食,百姓如在水深火热之中,苦不堪言。

老臣庄辛心中十分焦虑。他觉得为了国家安危、社稷存亡,再也不能沉默下去了。于是他闯进深宫去劝谏楚襄王。庄辛对楚襄王说:"大王,您不能只吃喝玩乐,将朝政与国家大事丢在一旁不管。现在子兰令尹专权妄为,排斥异己,迫害贤臣,长此下去,楚国堪忧啊!"

楚襄王正在宫中与爱妃饮酒作乐,看到庄辛闯进斥责自己,他哪里容得了,心中顿时升起一团怒火,他怒不可遏地高声骂道:"你这个老不死的东西,一定是只知吃饭喝酒老糊涂了,我们楚国平安无事,你凭什么说出这样不吉利的话来,你没看到大王我正忙着,还不快快给我滚出去!"

庄辛回到家中,想想自己偌大年纪,出于对国君与国家的一片赤诚闯宫进谏,却遭到昏君的一顿辱骂,深感伤心。一气之下,庄辛带着全家迁到赵国去了。

庄辛迁走不久。秦国派大将白起率强兵悍将直扑楚国。秦军来势之猛,犹如虎狼闯入羊群,杀得楚军兵逃将散。秦军很快攻破郢

【出处】 《战国策·楚策四》

【释义】 意指羊丢失了再去修补羊圈,还不算晚。后用来比喻出了问题后及时想法补救,以免继续受损失。也指出了问题才想法补救,已经太晚了。

都,楚襄王仓皇出逃,直跑到阳城才暂时脱离险境。楚襄王在阳城逐渐冷静下来,才想起庄辛闯宫劝谏的话,觉得追悔莫及。他开始悔恨自己的过去,立即派人去赵国接庄辛回来。

楚襄王见到庄辛马上说:"当初我听不进您的金玉良言,才使国家败坏到如此地步,说来令人痛心,事至如今,我以后该怎么办,请爱卿为我出出主意!"

庄辛见楚襄王是真心实意来请教,便对他讲了一个故事:"从前有个人养了一圈羊,这一天,好心的邻居来告诉他,说他家的羊圈有一个大缺口。并认真地对他说:'你应该将羊圈好好地修补一下,不然你的羊会丢失的。'这位养羊的人听了邻居的话,根本没有往心里去。不久,他到羊群中一数,果然丢了一只。这时,又有人来提醒他修补羊圈,他却说:'羊已经丢了,还补什么圈呢?'第二天又丢了一只羊。养羊人此时想起了邻居们的话,马上动手将羊圈修补好。从此,他再也不丢羊了。楚国虽然吃了败仗,但国家还没有亡,现在振作起来还不算晚。我们现在马上打起精神,好好总结经验,吸取教训,千万不可灰心丧气。"楚襄王听了庄辛的故事后感动不已。

纸上谈兵

战国末年,战争频繁。于是,各国出现了一些有才干的将领。在赵国,有一位与名将廉颇齐名的大将军,他就是赵奢。赵奢在战争中屡建奇功,被赵王封为马服君。

赵奢有个儿子叫赵括。他从小便攻读兵书,孜孜不倦,与人论起行军布阵,总是口若悬河,头头是道。

赵括的母亲每次听到他谈论兵法,总是喜上眉梢,认为儿子将来一定会有大作为,但赵奢却不以为然。一次,他对夫人说:"这小子夸夸其谈,纯粹是纸上谈兵。两军交战,关系到国家兴亡和千军万马的大事,慎之又慎还怕出错,但在赵括眼中轻而易举。我觉得,他将来不做赵国的将军是赵国的万幸,万一他为大将,赵国必然毁在他的手上。夫人,你千万记住,我死之后无论如何不能让赵括为将。"

不久,赵奢因积劳成疾离开了人世。

秦国闻得赵奢去世,便派大将白起统率百万雄兵进犯赵国。秦军来势凶猛,赵国忙点将起兵迎敌。赵王命老将廉颇统领全军,以四十万大军在长平阻击秦军。

足智多谋的廉颇清楚,秦军虽兵多将广来势凶猛,但他们也有致命的不足,那就是粮草运输困难,久战对他们十分不利。

于是,廉颇命令赵军按兵不动,森严壁垒,凭险固守,不轻易与秦军交兵,想让他们不战自退。

【出处】 《史记·廉颇蔺相如列传》。原文:战国时赵国名将赵奢子赵括,年少时学兵法,善于谈论兵法,却于长平之战中兵败于秦将白起。

【释义】 在纸面上谈论用兵。比喻空谈理论,不能解决实际问题。

　　赵秦两军在长平对峙日久，白起无计可施，眼看粮草供应不上，直急得六神无主。这时，有人向白起献上一计。白起立即派人到赵国散布谣言说："廉颇年龄越来越老，而胆子越来越小。他根本不是白起的对手，只能按兵不动。如果让马服君的儿子赵括为将，可就把白起吓跑了。"

　　听了这些谣言后，赵王没有了主意。又过了几天他便信以为真了，立即派人命赵括为将，率兵与秦军交战。

　　赵括的母亲听到这事，马上进宫面见赵王说："赵奢有赵括不可统军的遗命，说他只能纸上谈兵，若带兵，会给赵国带来大患。"

　　但赵王固执己见，坚持让赵括为将。赵括的母亲只得对赵王说："大王，我不能改变你的决定。不过赵括一旦战败，他罪有应得，家属不能受到株连。"赵王答应了。

　　正在家中养病的上卿蔺相如听说此事，立即赶到王宫，劝赵王改变他的决定，他万分焦急地对赵王说："大王让赵括为将，如同把琴弦胶住，怎么能弹出动人的乐曲呢？"

　　赵王根本听不进蔺相如的意见，仍然一意孤行，立即让赵括接替廉颇，率领大军与秦军交战。

　　赵括来到长平前线，一改廉颇原来制定的规章号令，又撤换了许多能干的部下，率军与秦军大规模正面交锋。这正中白起下怀，结果陷入秦军的埋伏，赵国四十五万大军全军覆没。

　　白起大获全胜后，毫不留情地设计坑杀了被俘赵军。这使赵国元气大伤，不久便被秦国灭掉了。

夜郎自大

汉朝的时候，我国西南地区约有十几个小国。其中一个叫滇国，一个叫夜郎。

有一次，汉朝朝廷派唐蒙作为使臣，出使西南。唐蒙先到了滇国，滇国的国王问他："你从哪里来呀？"

唐蒙答道："我从汉朝的首都长安来。"

国王又问："汉朝是一个国家吗？它有多大的地盘？与我们的国家相比，谁大一些呀？"

唐蒙听了他的话，心中很纳闷：这样一个跟州郡差不多大小的国家，怎么能跟汉朝相比呢？

接着，唐蒙又来到了夜郎国。夜郎人口稀少，土地贫瘠，出产的东西也极少。至于面积，就更小得可怜，跟汉朝一个普通的县相似。唐蒙在没有去见国王之前，先来到茶馆里，向人打听国王是怎样的一个人，没想到还真听到了这位国王鲜为人知的身世。

夜郎国的国王出生后就被装进一个大竹筒里，抛到了河里。这时碰巧有位姑娘在河边洗衣，见水上漂来一个大竹筒，里面隐隐传出婴儿的哭声，就赶紧捞起来，带回家去。竹筒里的男孩长大后，生得强壮勇敢、气概不凡，后来居然自立为王，建立了这么一个夜郎国。

唐蒙听了这段故事，心中暗暗称奇。他来到王宫，要求拜见国王。得到允许后，他便走进去，躬身行礼，道："大汉使臣唐蒙拜见国

【出处】　《史记·西南夷列传》

【释义】　比喻妄自尊大。

王陛下。"

国王傲慢地扫了唐蒙一眼,哼了一声,慢条斯理地说:"大汉?你的国家有多大,居然能称'大汉'?"唐蒙说:"陛下,我们大汉朝是中原之主、泱泱大国呀!"

国王哈哈大笑起来:"泱泱大国!你那个泱泱大国还能比我们夜郎国更大吗?"旁边的夜郎国大臣们也跟着哄笑起来,把唐蒙都笑懵了。

滇国的国王就够自不量力了,谁料小小夜郎国的国王竟有过之而无不及,唐蒙真是又好气又好笑。面对这些从未跨出过山区、走出过国门的君臣,他还能讲些什么呢?也许,只有四个字可以概括:夜郎自大。

守株待兔

从前,宋国有个农夫,他以种田为生。

这一天,他耕田耕累了,坐在田垄上休息。忽然,有只兔子跑过来,一头撞在树桩上,折断了脖子而死。农夫非常高兴,上前拾起兔子,拿回家,美美地吃了一顿兔子肉。

从此,他不再干活,成天守在树桩前,等着捡撞死的兔子。

可是,他再也没有见到过兔子的影子,田地却一天天荒芜了。

【出处】 《韩非子·五蠹》

【释义】 比喻心存侥幸,不劳而获。

刻舟求剑

战国时,楚国有个人坐船渡江。船到江心,他一不小心,把随身携带的一把宝剑掉落江中。他赶紧去抓,已经来不及了。

一般的人对此感到非常惋惜,但那楚人似乎胸有成竹,马上掏出一把小刀,在船舷上刻上一个记号,并向大家说:

"这是我宝剑落水的地方,所以我要刻上一个记号。"

大家都不理解他为什么这样做,也不再去问他。

船靠岸后,那楚人立即在船上刻记号的地方下水,去取掉落的宝剑。捞了半天,不见宝剑的影子。

他觉得很奇怪,自言自语说:

"我的宝剑不就是在这里掉下去吗?我还在这里刻了记号呢,怎么会找不到呢?"

至此,船上的人纷纷大笑起来,说:"船一直在行进,而你的宝剑却沉入水底不动,你怎么找得到你的剑呢?"

其实,剑掉落在江中后,船继续行驶,而宝剑却不会再移动。像他这样去找剑,真是太愚蠢可笑了。

【出处】 《吕氏春秋·察今》

【释义】 比喻拘泥,不变通,不懂得根据实际情况处理问题。也比喻徒劳无功,达不到目的。

郑人买履

郑国有一个人,他想买一双鞋子。去集市前,他特地用一根麦秸量了脚的尺寸,然后高高兴兴地出了家门。

集市上人来车往、熙熙攘攘,郑人好不容易才穿过人群来到鞋铺里。他对卖鞋的伙计喊道:"喂,我要买鞋!"

伙计低下头看了看郑人的脚,拿起一双鞋递过去。郑人接过鞋后,就往怀里去掏麦秸,想把鞋子的大小量一量。但是,他东摸摸西摸摸,什么也没摸着。

伙计很奇怪,就问:"你把什么弄丢了?"

郑人也不回答,只是一个劲地在身上寻麦秸,脸都急红了。忽然,他一拍脑袋,对伙计说:"对不起,我把鞋的尺码忘在家里了,等我回去把尺码拿来再买。"说罢就忙不迭地向家里跑去。

郑人回家后,果然在床上找到了那根用来量尺码的麦秸。他拿上便又匆匆朝鞋铺赶,可是集市已经散了,鞋铺也已关门了。他白白跑了一天的路,累得气喘吁吁、汗流浃背,却还是没有买到鞋了。

路上有个行人看见郑人站在那里发愣,就停下来问他出了什么事。郑人把事情的经过说了一遍,行人问他:"你是替自己买鞋,还是帮别人买鞋?"

郑人回答:"当然是替我自己买。"

行人忍不住笑道:"既然是买自己的鞋,那你为什么不自己穿上试一试呢?"

【出处】 《韩非子·外储说左上》

【释义】 郑:春秋时诸侯国名。履:鞋。指只知生搬条文而不考虑实际情况的教条做法。

郑人认真地解释道："不行，我宁肯相信量好的尺码，也不愿相信自己的脚!"

自此，"郑人买履"的事便被传为笑谈。

画饼充饥

三国的时候，曹操的孙子曹睿做了魏国的第二代国君，就是魏明帝。

明帝料理朝政，特别信任一个叫卢毓的大臣，凡事都要先和他议论一番，再做出决定。这个卢毓非等闲之辈，他幼年的时候，父母先后去世，成了孤儿;接着，两个哥哥又在战乱中丧生。从此他就一个人拼命地干活，供养寡妇嫂子和年幼的侄子。早晨、晚上的空闲时间里，他还跟人家学识字，逐渐地读了不少书，成为很有学问的人。后来卢毓到朝廷做了官，为明帝出了许多好主意，不断得到提拔，成为了明帝身边的心腹重臣。

有一次，明帝找卢毓谈论选拔人才的事情，他说："选举莫取有名，名如画地作饼，不可啖也。"大意是，选拔人才的时候，不要单凭他的名声;名声好比画在地上的饼，不能吃的!明帝对卢毓寄予厚望，告诉他："朝廷能不能得到有才的能人，关键就在你了。"

卢毓回答说："靠名声是不能衡量有才能的人，但是却能发现一般的人才。由于修养高，行为好而有名的，是不该厌恶他们。我主要是对他们进行考核，看他们是否真正有才学。现在废了考核法，全靠

【出处】　《三国志·魏书·卢毓传》。原文：选举莫取有名，名如画地作饼，不可啖也。

【释义】　充饥：解饿。画个饼子来解饿。本比喻徒有虚名而无实惠，于事无补。也比喻以空想来聊以自慰。

名誉升职或降职,所以真伪难辨,虚实相混。"

明帝认为卢毓的意见很对,便下令制定选拔官吏的考核法。

老马识途

公元前663年,齐桓公应燕国的要求,出兵攻打入侵燕国的山戎(今河北东部),相国管仲和大夫隰朋随同前往。

齐军赶到燕国时,山戎的军队已经掠夺了许多财物,逃到它东南的孤竹国去了。齐桓公本想就此收兵回国,但管仲建议跟踪追击,攻灭孤竹国以保证北方的安全。齐桓公接受了他的建议,下令向东紧追。不料追到那里,山戎国和孤竹国的大王都吓得逃跑了。齐桓公率领大军继续追击,最后终于取得胜利。

齐军是春天出征的,到凯旋而归时已是冬天,草木变了样。大军在崇山峻岭的一个山谷里转来转去,最后迷了路,再也找不到归路,虽然派出多批探子去探路,但仍然弄不清楚该从哪里走出山谷。时间一长,断了军粮。

情况非常危急,再不找到出路,大军就会困死在这里。管仲思索了好久,有了一个设想:既然狗离家很远也能寻回家去,那么军中的马尤其是老马,也会有认识路途的本领。于是他对齐桓公说:"大王,我认为老马有认路的本领,可以利用它在前面领路,带引大军走出山谷。"

【出处】 《韩非子·说林上》。原文:管仲、隰朋从于桓公伐孤竹,春往冬返,迷惑失道。管仲曰:"老马之智可用也。"乃放老马而随之。遂得道。

【释义】 途:道路。意指老马认识走过的路。后用"老马识途"比喻阅历多、经验丰富的人能看清方向,办事熟悉。

齐桓公同意试试看。管仲立即挑出几匹老马，解开缰绳，让它们在大军的最前面自由行走。也真奇怪，这些老马都毫不犹豫地朝一个方向行进，大军就紧跟着它们东走西走，最后终于走出山谷，找到了回齐国的大路。

江郎才尽

江淹，字文通，是南北朝时梁朝考城人。他年轻的时候，家中很穷，连纸和笔都买不起。但他读书十分刻苦，经过发愤用功，不仅官至光禄大夫，而且成为一个鼎鼎有名的文学家，他的诗和文章在当获得极高的评价。

可是，当他年纪渐渐大了以后，他的文章不但没有以前写得好了，而且退步不少。他的诗写出来也平淡无奇。过去他写作时，文思如潮，下笔如神，妙语连篇。而现在却提笔吟哦好久，依旧写不出一个字来，偶尔灵感来了，诗写出来了，但文句枯涩，内容平淡得一无可取。

于是就有传说，有一次江淹乘船停在禅灵寺的河边，梦见一个自称叫张景阳的人，向他讨还一匹绸缎，他就从怀中掏出几尺绸缎还他。因此，他的文章以后便不精彩了。

也有人传说，有一次江淹在治亭中睡午觉梦见一个自称郭璞的人，走到他的身边，向他索笔，并对他说："文通兄，我有一支笔在你那儿已经很久了，现在应该可以还给我了吧！"

江淹听了，就顺手从怀里取出一支五色笔来还他。据说从此以后，江淹就文思枯竭，再也写不出什么好的文章了。

【出处】　南朝梁·钟嵘《诗品·齐光禄江淹》
【释义】　比喻才思衰退。

精卫填海

　　夏朝以前,国家还没有形成,那时候的所谓帝王,远不如后来的帝王那么富有,享有许多特权;而是纯粹的人民公仆,只有尽义务的份儿。帝王的子女也没有什么太子、公主之类的特殊称呼,身份也尊贵不起来,和老百姓的子女一样。

　　炎帝有个女儿,叫精卫,性格开朗,喜欢打抱不平。一天,她走出小村,找小朋友玩耍,看到一个大孩子把小孩子当马骑。小孩都累哭了,大孩子还不肯罢休。

　　精卫走过去,指着大孩子的脑门怒斥道:"你这个人太不知羞耻,欺负小孩子算什么本事,有力气,去打虎打熊,人们会说你是英雄。"

　　大孩子见精卫是个小姑娘,生得美丽文弱,根本没有把她放在眼里。他从小孩背上跳下来,走到精卫面前说:"我是海龙王的儿子,你是什么人?敢来管我!"

　　精卫说:"龙王的儿子有什么了不起,我还是炎帝的女儿呢,以后你少到陆地上撒野,小心我把你挂在树上晒干。"

　　龙王的儿子说:"我先让你知道我的厉害,往后少管少爷的闲事。"说着就要动手打。精卫从小跟着父亲上山打猎,手脚十分灵活,力气不小,见对方蛮横无理并不示弱,闪身躲开对方的拳头,飞起一脚,将龙王的儿子踢了个嘴啃泥。龙王的儿子站起来,不肯服输,挥拳又打,被精卫当胸一拳,打个仰面朝天。

　　龙王的儿子见打不过精卫,只好灰溜溜地返回大海。

　　【出处】　《山海经·北山经》
　　【释义】　比喻人意志坚强,不怕困难。

这些天，精卫到海中游泳，正玩得十分开心，刚巧让龙王的儿子发现了。他游过来，对精卫说："那天在陆地上让你捡了便宜，今天你跑来到我家门前，赶快认个错，不然我兴风作浪淹死你。"

精卫说："我没错，认什么错。"

龙王的儿子见精卫倔强，根本没有服输的意思，立即搅动海水，掀起狂风巨浪，精卫来不及挣扎，就被淹死了。

精卫死后，变成一只红爪白嘴的小鸟，立志要把大海填平。她用嘴衔来石头与树枝投向大海，并发出"精卫，精卫"的叫声。就这样，精卫鸟日复一日，年复一年，从不间断。虽然大海没有被她填平，可是她还是不畏艰难，矢志不移。

风声鹤唳，草木皆兵

苻坚是前秦高祖苻健的侄子。此人胸怀异志，未主国事时便广罗人才，以图大业。一个偶然的机会，他听说有一个叫王猛的人，颇有谋略才干，就派谋士吕婆楼把他招来。二人一见如故，论及天下兴废大事，所见略同，十分投机，就像当年刘备遇见了诸葛亮一样。苻坚为了实现自己的图谋，杀死堂兄弟厉王苻生后，登上了前秦的王位。

东晋孝武帝太元八年（公元383年），前秦王苻坚率三十万大军渡江南侵，号称百万之师，企图一举灭晋。只几个月的时间，前秦军

【出处】《晋书·谢玄传》。原文：（苻）坚众奔溃，自相蹈藉投水死者不可胜计，淝水为之不流，余众弃甲宵遁，闻风声鹤唳，皆以为王师已至。

【释义】 唳：鸟鸣。听到风声和鹤叫声都恐惧，看到一草一木都认为是追兵。形容极度的惊慌疑惧，自相惊扰。

就像饿狼一样吞食了梁、岐一带,又虎视眈眈地想占取淮阴地区,形势非常危急。

消息震惊了东晋京师建康,孝武帝急召文武百官入朝议事。

孝武帝问:"诸位爱卿,前秦大军压境,国事紧急,可有退兵之计?"

众臣你瞧我,我瞧你,谁也不敢上前应答。

宰相谢安款款而出,胸有成竹地说:"陛下,北敌南下,军马劳顿,水土不服,何足惧哉?依臣之见,可派谢石为大将、谢玄为先锋,率八万精兵,即可一举击退入侵之敌。"

满朝大臣听说谢安荐举谢玄做先锋,几乎个个都有意见,纷纷上前表态。中书郎郗超这时也走出队列,他与谢玄关系一向不好,众臣都以为他一定会表示和自己一样的看法。不料,郗超启奏道:"陛下,下官以为谢宰相所言极是,以谢玄为先锋,必定首战告捷,大挫敌军锐气。下官曾和谢玄一起在桓温府中做事,发现他用人能做到人尽其才,即使在很小的事情上,也能够委任得当。由此推断,谢将军必能建立功勋。"

孝武帝斟酌再三,这才准奏,派大将谢石、谢玄领兵八万,北上迎敌。

在安徽洛涧附近,晋军以逸待劳。谢玄审时度势,趁苻坚急于进攻硖石的机会,启请谢石应允,派勇将刘牢之率精兵五千夜袭前秦军营垒,击溃苻坚拥有二十五万人的先锋部队,杀死梁成、王显等十员大将和万余士卒,大挫了前秦军锐气。

接着晋军水陆并进,占据有利地形。当时苻坚同他的弟弟苻融在寿阳城上,望见晋军布阵齐整,将士精锐;又北望八公山,草木皆成人形,有如埋伏着千军万马(草木皆兵)。苻坚回头对苻融说:"满山遍野的敌人,怎么说晋军人少呢?"脸上顿时便露出失望恐惧之色。

由于苻坚内心恐慌,于是靠淝水北岸布阵。这时谢石、谢玄派使者去见苻融,要求前秦军稍往后退,让出一块地方,以便晋军渡过淝水与之决战。苻融当时妄图乘晋军过河之际突然袭击,一举消灭晋军,因此接受了晋军的要求,传令退兵。

不料一声后退令下,士兵们以为前面打了败仗,就慌张奔逃,无法止住,乱了阵脚。晋军乘机渡河追击,杀得前秦军丢盔弃甲,尸横遍野,符融阵亡,符坚中箭负伤,率残兵败将往淮北逃窜,一路上听到风声和鹤叫,都以为是晋军追来了(风声鹤唳)。

淝水一战,前秦军几乎全军覆没。此后不久,前秦政权就垮台了。

指鹿为马

秦始皇死后,胡亥在赵高的精心策划下,如愿以偿地登上了皇帝的宝座,成为"秦二世"。而赵高则当仁不让的当了丞相,掌握军政大权。

赵高的野心越来越大,他不再满足当丞相,窥视皇上的宝座。但他摸不清朝廷上百官会不会服从他。于是他想出了一个坏点子。

赵高为了检验朝臣们对他的态度,在百官朝见秦二世时,牵来一头鹿,张口便说是献给皇上的一匹马。二世见了大惑不解,说:"明明是鹿,怎么说是马呢?"

赵高狠狠地说:"谁敢与皇上开玩笑,明明是马嘛。如果皇上不信,可以问一问朝廷的百官,看我说的对不对。"

赵高的亲信和许多趋炎附势的大臣们道:"丞相说得对,的确是马。""没错,是匹好马嘛。"

大臣们睁着眼睛说瞎话,硬说是马不是鹿。"指鹿为马"这荒唐至极的事情就是这样发生的。

【出处】 《史记·秦始皇本纪》
【释义】 比喻颠倒黑白,混淆是非。

掩耳盗铃

春秋时期,有个贪心而又愚蠢的人,自己不愿劳动,却整天窥视着别人的财物,见什么爱什么,总要想办法弄到手才心安。

有一天,他听说晋国的智伯灭掉了范氏,便急忙赶到范氏家去,想趁乱捞点油水。谁知范氏家所有值钱的东西都被洗劫一空,他好不懊恼,真后悔不该白跑这一趟。

突然,他发现院中柴堆里露出一片亮光,便走过去,扒开横七竖八的柴火,一看,原来是一口大钟。他仔细审视了一番,断定这大钟是用上等的黄铜做成的,不禁喜出望外,眼睛笑得眯成了一条缝。他迫不及待地去背钟,可是那钟又大又高,沉甸甸的,不要说背了,连移动一下都不可能。眼看快到手的东西不能占为己有,他急得团团转。

就在这时,他在院墙角看见了一把大铁锤,心中顿时有了主意,高兴地自语道:"真是天助我也!"他忙不迭地抢起铁锤,狠狠地朝大钟砸下去,想把大钟砸成若干个碎块,然后再用麻袋装回去。可是,大钟发出的巨响把他吓了一大跳,并且,那"嗡嗡嗡"的余音久久地在院子上空回荡,把他的耳朵都要震聋了。他很害怕别人听见了钟声会跑来抢他的钟,就赶快用双手紧紧捂住自己的耳朵(掩耳盗铃),于是,他听不见钟声了。他以为自己听不见,别人也一定听不见,就

【出处】 《吕氏春秋·自知》。原文:范氏之亡也,百姓有得钟者,欲负而走。则钟大不可负,以椎毁之,钟恍然有音。恐人闻之夺己也,遽掩其耳。

【释义】 铃:似钟而小的乐器。捂住自己的耳朵去偷铃。比喻自欺欺人。也作"掩耳偷铃"。

放心大胆地砸起钟来。每砸一下,都要用双手捂住耳朵,待钟声响过后,才松开手再砸,如此反复,最后终于把一口大钟砸碎了。他把钟的碎块装进麻袋,一路唱着歌回家去。

胸有成竹

北宋时期有一位著名的画家叫文与可,他的画有花鸟、山水和人物,但是以墨竹最为有名。他画的墨竹,深墨为叶面,淡墨为叶背,潇洒清秀,意趣横生,逗人喜爱,受到了同时代画家的推崇。连大文学家苏轼都说:"我的墨竹画,是学文与可的。"

文与可的艺术创作态度极其认真。为了画好竹子,他特意在自己的窗前种了许多青竹,每天都仔细观察竹子的枝叶形态和生长情况,了解竹子在不同季节和不同天气里的形态变化。经过长期种竹的实践和观察、揣摩,他不仅对竹子的特征了如指掌,而且在脑海中形成、积累了各种各样的竹子的轮廓。正因为如此,他在动笔作画之前,早已有数不尽的栩栩如生的竹子的形象烂熟于胸,达到了呼之欲出的地步。当他悬腕于画卷之上,挥笔作画时,便能挥洒自如、出神入化地画出挺立于枯木怪石之间,形神皆备、风采各异的竹子形象。

文与可的一位艺术同行晁补之曾对他的墨竹艺术做过这样的评价:"与可画竹时,成竹已在胸(胸有成竹)。"意思是说,文与可的

【出处】 宋·苏轼《文与可画篔筜谷偃竹记》。原文:故画竹必先得成竹于胸中,执笔熟视,乃见其所欲画者,急起从之,振笔直遂,以追其所见,为兔起鹘落,稍纵则逝矣。

【释义】 成:完整。在画竹子之前心中要先有竹子的形象。比喻在做事之前心中要有完整的谋划打算。

竹子之所以画得炉火纯青，是因为完美的竹子形象，早就在他的心里构思好了，所以才有了百分之百的把握。

后世的画竹者学习文与可的很多，这一派被称为"湖州墨派"。宋代保存下来的珍贵名画《墨竹图》，相传就是文与可的作品。

空中楼阁

在很久以前，山村里有一位财主。他非常富有，但生性愚钝，尽做傻事，所以常遭到村人的嘲笑。

有一天，傻财主到邻村的一位财主家做客。他看到一幢三层楼高的新屋，宽敞明亮，高大壮丽，心里非常羡慕，心想：我也有钱，而且并不比他的少。

他有这样一幢楼，而我没有，这像什么话呢？一回到家，他马上派人把工匠找来，问道："邻村新造的那幢楼，你们知道是谁造的吗？"

工匠们回答道："知道，那幢楼是我们几个造的。"傻财主一听，非常高兴，说："好极了，你们照样子再给我盖一次。记住要三层楼的房子，要和那幢一模一样。"

工匠们一边答应，心里一边嘀咕：不知这次他又会做出什么傻事来。可是不管怎样，还得照吩咐去做，大家便各自忙开了。

一天，财主来到工地，东瞅瞅，西瞧瞧心里十分纳闷，便问正在打地基的工匠："你们这是在干什么？"

"造一幢三层楼高的屋子呀，是照您吩咐干的。"

【出处】 宋·朱熹《朱子语类·邵子之书》

【释义】 建造在空中的楼台殿阁。也比喻崇高通达。后多用来比喻虚构的事物或脱离实际的空想。

"不对,不对。我要你们造的是那第三层楼的屋。我只要最上面的那层,下面那两层我不要,快拆掉。先造最上面的那层。"

工匠们听后哈哈大笑,说:"只要最上面那层,我们不会造,你自己造吧!"工匠们走了,傻财主望着房基发愣。他不知道,只要最上面一层,不要下面两层,那是再高明的工匠也造不出来的。

两袖清风

1449 年,明英宗统率明朝大军与瓦剌族的军队在土木堡(今河北怀来县境内)相遇。两军交兵,瓦剌军杀得明军一败涂地。就连大明皇帝英宗也成了瓦剌军的俘虏。

瓦剌军俘虏明英宗,便挟持明英宗直扑京城北京。明代宗马上任命兵部侍郎于谦为京都城防司令,负责守卫北京。

在瓦剌军的挟持下,明英宗以皇帝名义下令,让于谦放弃守卫北京,开城投降,以保证他活命。

于谦拒不执行明英宗这种危害民族和国家利益的命令,坚决固守北京,英勇地抵抗瓦剌军,使北京的百姓们避免了一场大灾难。于谦由于守护京城北京有功,被明代宗提升为兵部尚书。

这位于谦是位十分了不起的人物,他在没有调入京城做官前,很长一段时间任地方官,由知府一直做到巡抚。

他为官非常清廉,在任巡抚时,对各州、府、县的官员要求很严,并坚决禁止受贿、贪赃。

【出处】 元·魏初《送杨季海》。原文:交亲零落鬓如丝,两袖清风一束诗。

【释义】 指除两袖清风之外,别无所有。形容为官清廉,没有余财。

于谦要求自己的下属遵纪守法，他自己更是率先垂范。为表明自己的心态，他曾写下一首《石灰吟》的七言绝句诗，他在诗中写道：

千锤万击出深山，烈火焚烧若等闲。
粉骨碎身全不怕，要留清白在人间。

全诗朴实无华，直抒肝胆，全无修饰。就是今天读来，也让人觉得正气勃发，令人肃然起敬。

我国封建社会，有一种逼迫官员搜刮民脂民膏的陋习，那就是每到年终岁首，地方官调京任职，都必须准备一些地方特产送给有关的上级。或端砚、湖笔，或人参、鹿茸，或冬虫夏草等等。

开始时送些特产是出于礼节，或是自愿，久而久之竟成了不成文的规矩。于谦在巡抚任内调任兵部侍郎时，却根本不理睬这种陋规。他的部下看他如此，便劝他说："大人，你是到京城做官，那里就是这种风气。你什么也不带去，人家会对你有看法，特别是你的上司，他们会找你的麻烦。"

但于谦却说："我做官是为国为民，不是为哪一个人。我只要清白做官，认真做事，任他们怎么看就怎么看。"

于谦进京赴任了，他竟连蘑菇和线香之类的小物件都一点不带。有人再次劝他带些礼物时，他写下了一首七言绝句诗来作答：

绢帕蘑菇与线香，本资民用反为殃。
两袖清风朝天去，免得闾阎话短长。

程门立雪

北宋时有两个著名的哲学家、教育家，他们是兄弟俩。哥哥叫程颢，字伯淳，人称明道先生；弟弟叫程颐，字正叔，人称伊川先生。兄弟二人，家居洛阳，共同创立了洛学学派，是古代理学的奠基者，世称"二程"。

到南宋时，有一个叫朱熹的人，继承和发展了二程的理论，形成了宋以后长期居于统治地位的一种哲学学说。程朱理学，在现代大学哲学课程中也常常讲到。

程颢做过县主簿，后来到朝廷任太子中允；程颐曾任崇政殿说书官，是专门给当时的皇帝讲说书史的官员。兄弟俩都是道学家，自然为人持正谨严，十分讲究礼节。人们也都很尊重他们，到他们门下求学的人特别多。杨时和游酢就是其中的两位。

杨时从小就很聪明，什么事情都好刨根问底，而且反应机敏，口齿伶俐，长大后专心攻读经史。有一次，胡铨到杨家做客，看到杨时伏在桌子上看书，衣袖的肘部都磨破了，胡铨就劝杨时注意休息。杨时说："我两肘不离书案达三十年，方觉学问有所长进，故而不敢稍有懈怠。"可见其治学何等用功！

游酢是杨时的挚友，两个人志同道合，常常就一些问题作秉烛之谈。

【出处】《宋史·杨时传》。原文：见程颐于洛，时盖年四十矣。一日见颐，颐偶瞑坐，时与游酢侍立不去。颐既觉，则门外雪深一尺矣。

【释义】程：指宋代理学家程颐。立雪：站立在雪中。指尊师重道。

杨时跟一般文士不同,他虽然考取了进士,却淡泊名利,几次放弃了做官的机会,一心致力于理学研究,渴望达到最高的境界。当时程颢住在河南颖昌,杨时经常登门求教,以弟子礼事之,得到了不少教益。

在杨时四十岁的时候,程颢被宋哲宗皇帝召为宗正寺丞;可是,还没等杨时为先生饯行,程颢就病死了。杨时感到特别悲痛,发誓要把先生的理论发扬光大。为了掌握理学的精髓,杨时决定奔赴洛阳,拜程颐为师。游酢也不辞辛苦,与杨时结伴而行。

来到洛阳,天已经黑了,他们在一家小店住下。当晚,杨时和游酢很晚才睡,把需要请教的几个问题整理出书面提纲。第二天,他们换上整洁的衣裳,奔程颐家而来。

路上,刮起了大风,很快又飘起了雪花。到程颐家时,正巧程颐在案头打盹。杨时和游酢就恭恭敬敬地站在窗下,等候先生醒来。

这时,风越刮越急,雪越下越大,他们俩冷得很,却连跺跺脚都不肯,生怕惊动了先生。那份谦恭的态度,与当年刘备三顾茅庐一样感人。

当大雪已经漫过两人的脚踝,程颐才慢慢醒来。他看到窗下的两个雪人,心里深为感动,忙把他们请进屋里。

从此,程颐倾毕生所学,教授两个弟子。杨时和游酢则勤学好问,潜心研究,后来都成为厚学之士。

杨时死后,他同代的人谢应芬在一首纪念他的诗中说:"卓彼文靖公,早立程门雪。"后人就用"程门立雪"这个成语,来比喻尊师好学的精神。

确实,在这个世界上,要想真正学到一点有用的东西,没有谦虚、刻苦的精神是不行的。古今中外,概莫能外。

望梅止渴

曹操是三国时的著名的政治家、军事家和文学家。凭着他的雄才大略,作战中常常出奇制胜。

话说这年夏天,曹操领兵去攻打张绣。烈日当空,曹军急行数十里,将士个个口干舌燥。

曹操便命令军队停下,差人到处找水。可是这里一片荒原,没有井,也找不到溪流。

曹操心想:不能让千军万马在这干旱的荒漠久停。兵贵神速,如果耽误行军,势必失去战胜张绣的好时机。他忍住干渴,心烦意乱地踱来踱去。

忽然,他心生一计,装作仰头远眺的样子,惊喜道:"真是天助我也!将士们,抖起精神来,前面不远处有一片大梅林!我们马上赶到那里,大吃一顿酸甜的梅子,就可以解渴了!"

听到曹操的喊声,躺在地上的士兵翻身而起,敞开战袍的敛衣束带;一个个干裂的嘴唇翕动着,像吞咽着酸甜的梅汁一样,吵嚷着一哄而上。

曹操趁势下令整军疾驰,终于率军走出大荒原,找到了水源。曹军如期的到达了前沿阵地。

【出处】 《世说新语·假谲》

【释义】 比喻用空想或空话等来安慰自己或别人。

惊弓之鸟

战国末期，强大的秦国时时刻刻严重地威胁着齐、楚、燕、赵、魏、韩等各诸侯国的安全。燕国宰相苏秦到各国游说，宣传各国联合起来，共同抗秦的主张。各国国君认识到事关国家兴亡，同意苏秦的主张，共同对付秦国。

楚国打算派临武君任主将，统率楚军。临武君曾被秦国打得大败，伤亡惨重。各国对此非常担心，但又不能劝阻。赵国大夫魏加自告奋勇到楚国，劝说楚国改变这项危险的任命。

魏加见到楚国宰相春申君问："听说贵国要任命临武君统军出征，不知是否真的？"

春申君说："这是国君的主张，但我也有此意，有什么问题吗？"

魏加说："我喜欢射箭，用射箭的原理来说明这件事的危险性，可以吗？"

春申君说："当然可以。"

魏加说了一个故事：更嬴和魏王在一起闲聊，空中飞来一只孤鸟。更嬴说："大王，我只要拉开弓，不必搭箭，就能把这只飞鸟射下来，您相信吗？"

魏王说："没听说谁有这种本事，你一定在说笑话。"

更嬴说："当臣子的怎敢和君主开玩笑，您很快会看到事实。"

这时，孤鸟正慢慢飞在二人的上空。更嬴拿起弓，虚拉弓弦，弓弦响处，孤鸟立刻从云头栽了下来。

【出处】 《战国策·楚策四》

【释义】 指受过箭伤，闻弓弦声而惊坠的鸟。比喻受过惊吓遇到事情就害怕惊慌的人。

看得魏王目瞪口呆地问：

"你的箭法果然神奇，连百发百中的神箭养由基也比不上你呀！"

更嬴说："哪里是我的箭法好呀，而是这只鸟已经受过伤。"

魏王问："你怎么知道它受过伤呢？"更嬴说："它飞得又低又慢，叫声中充满凄凉孤苦，它听到弓弦响声，以为有箭射来，便拼命振翅高飞，结果伤口破裂坠地而死。"

魏加说完故事，评论道："临武君与秦作战，每战必败，已被秦国吓破了胆，这次又派他任主将，令人担忧，只恐如惊弓之鸟，一定十分害怕，请您三思。"

于是申春君建议楚王，取消了原来的命令。

狡兔三窟

战国时期，孟尝君在齐湣王时任相国，家中养了众多的门客。门客中有个人名叫冯谖，出身贫寒，地位低下，孟尝君的管家看不起他，总是以粗茶淡饭待他。

一天，冯谖靠在房柱旁，一边敲着他的剑铗，一边唱道："长铗啊长铗，不如和你一同回去吧，每次吃饭时，我都没有鱼吃！"

管家听了觉得很讨厌，就跑去报告孟尝君，孟尝君说："以后吃饭时要给他鱼！"

几天后，冯谖又敲着剑铗唱起来："长铗啊长铗，我们一同回去吧，出门的时候，我没有车子坐！"

【出处】 《战国策·齐策四》

【释义】 狡猾的兔子有好几个窝。比喻预先做好藏身的地方或避祸准备。

孟尝君听了,吩咐给他准备车子,过了几天,冯谖又一次敲着剑铗唱起来,说他的母亲没有人供养。孟尝君立刻派人给他母亲送去粮食、用品。冯谖再也不敲剑唱歌了。

后来,冯谖主动要求帮助孟尝君到薛地收债,孟尝君吩咐他,用收回来的钱买些家里缺少的东西带回来。冯谖到了薛地,把欠债的人召集来,核对了每人的债券,然后自作主张,对他们说:"孟尝君不要你们还这些债了,大家把债券都烧掉吧!"那些欠债的人喜出望外,一个个当场把债券都烧毁了,感激万分,都夸孟尝君是仁义君子。

冯谖两手空空回来见孟尝君,孟尝君得知他烧毁了债券,非常不高兴。冯谖说:"你家里什么东西都不缺,我看只缺乏一个'义'。你只拥有一个薛地,不为那里的老百姓做些好事,却放债去剥削他们。所以我把'义'买来送给你。"

一年后,孟尝君被罢了官,无处可去,只好到薛地去。薛地的老百姓扶老携幼在半路上迎接他,他这才醒悟冯谖所说的"义"是怎么回事。冯谖对他说:"狡兔三窟,才能躲避被害死的厄运,我想再替你开凿两个洞。"

冯谖带着五十辆车和五百两黄金去游说魏国,他的话打动了魏惠王的心。魏惠王让使臣带着一百辆车和一千两黄金去齐国请孟尝君为相国。使臣往返三次都被孟尝君拒绝,这样孟尝君身价倍增。

齐王得知后,赶紧恢复了孟尝君的原职,并向他道歉。冯谖又让孟尝君趁机请求齐王在薛地建立宗庙,把祖宗的祭器分一部分放在这里。这时冯谖对孟尝君说:"三窟已成,你可以高枕无忧了。"

狡兔三窟由此而来,比喻藏身的地方多,可避免祸患。

闻鸡起舞

刘琨,字越石,河北人,他的诗文在东晋时十分有名,作品雄浑、气势磅礴,在我国文学史上享有很高的地位。

公元 310 年,晋怀帝在位期间,刘琨出任并州刺史。当时经过连年战乱,并州这个地方人员大幅度减少,生产遭到严重破坏,百姓更是颠沛流离不得安生。

刘琨到任后,立即着手恢复生产。他奏请朝廷调拨五百万斛粮食和大批农业生产物资,招纳流民,开垦田地。同时,安抚少数民族,与他们和睦相处。几年之后,在他治理下的并州,粮库充实,百姓安居,生活一天天地好了起来。

就在这时,仁、氐等少数民族突然派骑兵大举东进,直逼晋朝的首都。为保住首都,刘琨立即带领并州的精锐部队赶赴前线,抵御他们的进攻。

谁料,刘琨率兵刚刚离开并州,屠各族的骑兵便乘虚将并州攻破了。刘琨的父母及亲属全都死在了屠各族骑兵的屠刀之下。惨痛的家庭遭遇使刘琨痛不欲生,但也更加激励了他北伐中原,恢复失地的决心。

刘琨有位好朋友叫祖逖,他是河北范阳人,字士稚。祖逖家中非常富有,是当地的名门望族。

祖逖自幼就慷慨大方,特别愿意帮助穷苦人。他常常到农村走访,遇到生活困难的人家,就以他哥哥的名义送去粮食和衣物。由于

【出处】 《晋书·祖逖传》

【释义】 祖逖与刘琨互相勉励,产志为国效力,半夜听到鸡叫就起床舞剑,刻苦练功。后用来形容有志之士及时奋发,刻苦自励。

他乐善好施,附近的人们都非常敬重他。

祖逖从小失去父母,是哥哥将他抚养大的。他生性不喜欢读书,长到十四五岁时,连书本都没有碰过一下。为此,他哥哥非常犯愁。但到十六岁时,祖逖下决心勤奋读书。

由于他记忆超群,理解力极强,不几年便成了既有大志,又有谋略的人才。后来祖逖来到京城,在那里更加刻苦地学习。

与他交往的人都预言说,这位祖逖一定会成为一名支撑国家大局的重臣。

祖逖二十二岁时,被阳平郡推荐为孝廉,但他推辞了。不久,他与刘琨一起到司州任主簿。

从此,他们二人意气相投,再加上是河北老乡,很快成为密友。他们形影不离,白天一起吃饭,夜间同盖一条被子。处理完公事后,他们便在一起吟诗作对,登山涉水,陶冶情操。

他们最热衷于切磋武艺,因为他们心中时时都在想着北伐中原,收复失地。

一次,他们二人畅谈未来,很晚才睡去。刚睡到半夜,听到鸡叫声,祖逖马上叫醒刘琨,对他说:

"这声音多亮啊,它在提醒我们起床练武(闻鸡起舞)。"

刘琨听到祖逖的招呼,立即起身,披上衣服,一起来到院子里。从此他们坚持"闻鸡起舞",无论是刮风下雨,还是酷暑严冬,从没间断。他们练就了高强的武艺,磨砺了坚强的意志,终于成为了东晋著名的将领。

围魏救赵

公元前 353 年，魏国名将庞涓统率大军进攻赵国，打败赵国的军队，包围了赵国的首都邯郸。

赵国急忙向齐国求救，齐威王就派田忌为主将，孙膑为军师，出兵援救。

孙膑是春秋时期著名军事家孙武的后裔，年轻时曾和庞涓一起学习兵法。

庞涓嫉妒孙膑的军事才能，就捏造罪名，私用刑法砍断了他的两脚。

这次齐军救赵，孙膑坐在有篷帐的车子里，暗授机宜，不让魏军知道。

开始，田忌打算直奔邯郸解围，孙膑不赞成，说：

"排解别人打架，不能自己参加进去打；救兵解围也应该避实击虚、避强击弱。敌人感到形势不利，有后顾之忧，自然就会撤兵解围。如今魏国进攻赵国，精锐部队必定都在战场上，国内一定兵力空虚。我们不如直接打进魏国，袭击它的都城大梁，魏军闻讯后必定拼命赶回国来。这样既可以使邯郸的重围不攻自解，又可使我军以逸待劳，痛击长途跋涉疲惫不堪赶回本土的魏军。"

田忌觉得很有道理，就与孙膑率领大军一直冲到大梁城下，把魏国留守本土的军队杀得七零八落。

【出处】 《史记·孙子吴起列传》

【释义】 魏、赵：战国时的两个诸侯国。指包抄进攻之敌的后方据点来迫使它撤兵的战术。

庞涓获得情报后，又羞又怒，急忙从邯郸撤退回国。当魏军退到桂陵(今山东省菏泽县东北)时，又中了齐军的埋伏，伤亡了无数，几乎全军覆灭，庞涓在混乱中突围逃跑了。

在这次战争中，孙膑使用的"围魏救赵"的战术，为后来兵家所研究和运用。

破釜沉舟

秦朝末年，秦军围攻赵国的钜鹿。楚王发兵前去解围，楚军主将宋义畏惧秦军，接连四十六天按兵不动。

楚军副将项羽忍无可忍，假传楚王命令，杀死宋义，夺了军权。项羽率军渡河去援救赵军。

上岸后，他下令凿沉所有船只。他还让士兵们把烧饭用的锅全部砸烂，又烧掉了营寨。将士们只带上三天的干粮出发，表示要与秦军决一死战。

到了钜鹿，楚军知道没有退路可走，只有拼杀才能有生路。于是个个以一当十，奋勇向前。一时间秦军大乱，死伤无数，终于大获全胜。

【出处】 《史记·项羽本纪》。原文：项羽乃悉引兵渡河，皆沉船，破釜甑，烧庐舍，持三日粮，以示士卒必死，无一还心。

【释义】 釜：锅。打破饭锅，沉掉渡船。形容不顾一切，下定决心一拼到底。

对牛弹琴

东汉末年,有个叫牟融的学者,他对佛经有很深的研究。但是当他给儒家学者宣讲佛义时,却总是用儒家的《论语》、《尚书》等经典来阐述道理,而不直接用佛经来回答。儒家学者对他的这种做法表示异议,牟融心平气和地回答:"我知道你们都熟悉儒家经典,而对佛经是陌生的,如果我引用佛经来给你们作解释,不等于白讲了吗?"

接着,牟融向他们讲了"对牛弹琴"的故事,进一步表明了自己的观点。

"古代有一位大音乐家公明仪,他对音乐有很高的造诣,弹得一手好琴,优美的琴声使人如临其境。有一天,风和日丽,他漫步郊野,只见有一片葱绿的草地上,有一头牛正在低头吃草。这清静怡人的氛围激起了音乐家为牛弹奏一曲的欲望。他首先弹奏了一曲高深的'清角之操',尽管他弹得非常认真,琴声也优美极了,可是那牛却依然如故,只顾低头吃草,根本不理会这悠扬的琴声。公明仪先是很生气,但他静静观察思索后,明白了那牛并不是听不见琴声,而实在是不懂得曲调高雅的'清角之操'。于是,公明仪重弹了一曲通俗的乐曲,那牛听得好像蚊子、牛蝇、小牛叫声的琴声后,停止了吃草,竖起耳朵,好像很专心地听着。"

牟融讲完故事,接着说:"我用儒家经典来解释佛义,也正是这个道理。"儒家学者听了,完全信服了。

【出处】 汉·牟融《理惑论》。原文:公明仪为牛弹清角之操,伏食如故,非牛不闻,不合其耳矣。

【释义】 将幽雅的琴声弹给牛听。比喻说话不看对象,对外行说内行话或对不讲理的人讲理。

毛遂自荐

战国时期，赵国平原君赵胜门下养了许多食客，招纳了一批能人志士，为赵国的政治军事出谋划策，起了很大的作用。门客之中有一位叫作毛遂，已经在平原君家住了三年，默默无闻，无所作为，平原君并没有在意。

有一年，秦国大军包围了赵国的都城邯郸，赵国情势非常危急，赵王命令平原君前往楚国请求援救。平原君挑选了十九名能文能武的门客，准备出发。这时，一向默默无闻的毛遂突然来见平原君，自告奋勇要求随同平原君到楚国去，门客们都愣住了。

平原君见毛遂自荐，不以为然地说："一个人如果有贤德和才能，那么很快就会显露出来，好比锥子放进口袋，锥尖立刻露到外面。你在我家三年，未有什么表现，可见能力不行啊！"毛遂笑着说："如果您以前允许我出谋划策，我的才能早就显露出来了。现在为时不晚，只要你带我去，一定会用得上我！"平原君见他说得有理，只好让他随着自己出发。

平原君到了楚国，楚王隆重接待他们一行。谈判开始后，平原君说明来意，同楚王商议联合出兵抗击秦军的大事，可是楚王东扯西拉，吞吞吐吐，总是谈不到正题上，从早晨谈到中午，还没有结果。平原君非常着急，因为秦军兵临城下，赵国随时有危险。

这时，只见毛遂怒气冲冲地走到楚王面前，一手提着利剑，一手毫不客气地拉住楚王的衣服，使楚王无法回避。接着，毛遂振振有词，一条一条讲出楚国出兵与赵国共同抗秦的利害关系。他说的话

【出处】　《史记·平原君列传》

【释义】　比喻自告奋勇或自我推荐去做某事。

慷慨激昂，道理明白，令人信服，楚王被他的气概震慑住了，非常佩服，不但没有责怪他无礼，反而体谅他的心情。这样，楚王立刻答应同平原君签订盟约，出兵抗秦，援救赵国。

平原君对毛遂的表现非常赞许，十分敬佩他的才干。事后，平原君拉着毛遂的手，夸奖他说："先生的三寸不烂之舌，胜过百万大军！"从此，平原君对毛遂刮目相看，敬若上宾。

三顾茅庐

东汉末年，天下纷争。各路诸侯趁乱起兵，都想一统天下，名留青史。

丞相曹操，挟天子以令诸侯，独断专权。刘备在徐庶的辅佐下，几次与曹操交兵，都使曹操大败而归。

为了除掉刘备的这个谋士，曹操派人将徐庶的母亲扣为人质，以此逼徐庶归顺他。

母亲被扣，徐庶万分焦急，只好辞别刘备，奔赴曹营救母。临行前，徐庶向刘备推荐诸葛亮。刘备问徐庶："诸葛先生的才能与先生您相比如何？"

徐庶忙说："不能相比，我不过是萤火虫的微光，而诸葛先生则如日月的光明。"

刘备又问："据人说，卧龙、凤雏，能得到其中一位的帮助，就能一统天下，不知诸葛先生与这两位相比怎样？"

徐庶说："您说的卧龙正是诸葛先生，如果您能得到他的辅佐，

【出处】《三国志·蜀书·诸葛亮传》

【释义】 东汉末年，刘备曾三次访聘诸葛亮，请他出山协助自己。后用来比喻诚心实意地一再邀请。

就不必为天下不安定而发愁了。"

刘备听了徐庶的推荐，立即带领关羽、张飞到南阳去请诸葛亮出山。

他们连夜赶到南阳，却扑了个空，诸葛亮不在家，看门的书童也不知道自己的主人到哪里去了，什么时候回来。无奈，三人只好乘兴而来，败兴而归。

不久，有人报告说诸葛亮回到南阳了。刘备非常欣喜，带上两位兄弟，顶着漫天的大雪，马不停蹄地二请诸葛亮。结果，赶到那里时，诸葛亮在他们来的前一天，又出门周游去了。

两次没有请到诸葛亮，关羽和张飞都有些恼火，但刘备却不灰心。

这一天，他们又第三次来到诸葛亮住的茅庐，正赶上诸葛亮在睡觉。刘备出于对诸葛亮的尊重，不去惊动他，静静地等候在门外。

张飞是个急性子，哪里耐得住，不一会儿便发起火来，想闯进去，揪出那诸葛亮，刘备上前劝止了他。

诸葛亮一觉醒来，有书童报，说刘备刘皇叔在门外恭候多时。诸葛亮马上整顿衣冠，将刘备三人请进茅庐，落座详谈。

刘备见到诸葛亮后，十分诚恳地表明自己安定天下、让百姓过上太平日子的决心和意愿。

诸葛亮点头称赞，说道："曹操手下兵多将广，谋士众多，他本人又颇会用兵，而且他还能以皇帝的名义号令天下。目前，您无力与他一争雌雄；东吴的孙权，统治江南，从他父亲孙坚到他这一代已历三代，根基牢固，也不能与他正面冲突，将军您先攻荆州，再占领四川，然后以四川为根据地进取陕西，从荆州出兵进攻洛阳，这样，百姓一定会欢迎您。做到这些，天下也就平定了。"

诸葛亮一番对天下形势的总体分析，使刘备对诸葛亮佩服得五体投地。而诸葛亮更感激刘备对他的信任与一片诚意，同意出山辅佐刘备。

刘备三顾茅庐，诸葛亮出山相助，为蜀国政权做出了重大贡献。

洛阳纸贵

西晋文学家左思,字太冲,临淄人,出身贫苦,相貌平平。他小时候学过书法,练过弹琴,可是都没有成功,他说话口吃,期期艾艾,惹人发笑。

他的父亲觉得他很笨,有一次当着朋友们说他和自己小时候相比,简直差远了。左思听到后非常惭愧,发愤攻读,埋头勤学。五年之后,学业大有长进,写出的文章,构思精巧,辞藻华美。左思酷爱文学创作,写作态度极其认真。他用整整一年时间写出了《齐都赋》,大家看了评价很高,很快就流传开去。

左思的妹妹左芬很有文才,晋武帝把她选入内宫,封为修仪,左思全家也迁往京城洛阳。左思不喜交游,喜欢独居取静,写文章速度很慢,但非常认真。到洛阳后,朝廷一些官员见他谦虚好学,文章华丽,就推荐他担任了著作郎。

左思有机会阅览宫中藏书,一个计划开始孕育了,他开始写《三都赋》。他整天苦心构思,走廊里、庭院里、甚至厕所里都准备了纸笔,一想出好句子,马上记下来,即使半句也不放过。

大文学家陆机也到了洛阳,他本来计划要写《三都赋》,听说左思已经开始写了,不由暗暗发笑。

他给弟弟陆云写信说:"洛阳有个不知天高地厚的人名叫左思,居然也要写《三都赋》!看他写好后,有谁会去看!我想,他写的东西只配做废纸去盖酒瓮!"左思听说了毫不动摇,决心把《三都赋》写好。

【出处】 《晋书·左思传》
【释义】 形容好的著作,风行一时,广为流传。

经过十年努力，左思终于完成了《三都赋》。当他拿着这篇文章向大学者皇甫谧请教时，皇甫谧大加赞赏，为《三都赋》写了序。顿时《三都赋》受到许多名家的重视。

由于许多一流的文人学士纷纷赞誉《三都赋》，于是人们争着买纸传抄这篇佳作，一时洛阳的纸张供不应求，价格顿时上涨。

《三都赋》轰动了京城洛阳。大文学家陆机读了《三都赋》后，赞叹不已，认为自己再也不会超过这一篇，就把原来的写作计划取消了。

神机妙算

公元208年，曹操在平定北方后不久，就亲自统率数十万兵马挥戈南下，企图一举消灭南方的孙权、刘备势力，统一天下。当时，刘备只有一万人马，他无力抵抗曹操的进攻，便派军师诸葛亮去说服吴主孙权，共同抗击曹操。

孙权听取了诸葛亮的建议，打消了投降曹操的念头，决心与刘备合兵一处，誓死杀敌。东吴大都督周瑜十分嫉妒诸葛亮的才能，总想找机会除掉他。诸葛亮虽明白周瑜的恶毒用心，但他为顾全大局，只好机警地与周瑜在一起周旋。

有一次，诸葛亮立下军令状，宣称：自己在三日之内定能造出十万枝箭，如果完不成任务，甘愿被杀头。周瑜暗中吩咐造箭军匠，让他们故意拖延时间，以使诸葛亮无法如期完成任务，自己就可名正言顺地除掉他。

【出处】《三国演义》

【释义】机：指心思。算：计划，筹谋。高明奇妙的计谋策略。形容计谋十分高明。

两天时间过去了,诸葛亮一点也不慌乱,一副成竹在胸的样子。第三天五更时分,诸葛亮私下向鲁肃要了二十只快船,每只船上都挂上了青布帐篷,摆上一千多个草人。

诸葛亮趁黎明前的那阵大雾,命士兵将草船驶近曹军水寨。到了水寨前,诸葛亮和鲁肃一边在船中饮酒,一边命士兵在船上击鼓呐喊,装出要攻打曹军的架势。

曹操果然中了圈套,慌忙命曹军士兵奋力射箭。一霎时,曹操水陆两军一万多弓箭手一齐朝江中射箭。雾散之后,诸葛亮立即下令各船迅速撤回。这时,二十只草船上已挂满了箭枝,远远超过十万。

鲁肃见到周瑜后,便把诸葛亮草船借箭的经过如实地告诉了周瑜。周瑜听罢,倒吸一口凉气,惊叹道:"诸葛亮神机妙算,我不如他啊!"

南柯一梦

隋末唐初的时候,有个叫淳于棼的人,家住在广陵。他家的院中有一棵根深叶茂的大槐树,盛夏之夜,明月朗照,树影婆娑,晚风习习,是一个乘凉的好地方。

淳于棼过生日的那天,亲友都来祝寿,他一时高兴,多喝了几杯。月上树梢,亲友散尽,醉眼朦胧,他背靠槐树迷迷糊糊地睡着了。

梦中,他到了大槐安国,正赶上京城会试,他报名入场,三场结束,诗文做得十分顺手,放榜时,他高中了第一名。紧接着殿试,皇帝

【出处】 《南柯太守传》

【释义】 比喻得失无常,人生如梦。也泛指一场梦。

看淳于棼生得一表人才，举止倜傥，亲笔点为头名状元，并把公主许配给他为妻，状元公成了驸马郎，一时成了京城的美谈。

婚后，夫妻感情十分美满。淳于棼被皇帝派往南柯郡任太守，一呆就是二十年。淳于棼在太守任内经常巡行各县，使各县的县令不敢胡作非为，很受当地的百姓的称赞。

皇帝几次想把淳于棼调回京城升迁，当地百姓听说淳于棼太守离任，纷纷拦住马挽留。淳于棼为百姓的诚恳态度所感动，只好留下来，并上表向皇帝说明情况。皇帝赞赏淳于棼的政绩，赏给他不少金银珠宝，以示奖励。

有一年，敌兵入侵，大槐安国的将军率军迎敌，几次都被敌兵打得溃不成军。败传到京城，皇帝震动，急忙召集文武群臣商议对策。大臣们听说前线军事屡失利，敌兵逼近京城，一个个吓得面如土色，你看我，我看你，都束手无策。

皇帝看到大臣的样子，非常生气地说："你们平日养尊处优，享尽荣华，朝中一旦有事，你们都成了没嘴的葫芦，一句话都不说，要你们有何用？"

宰相立刻向皇帝推荐淳于棼。皇帝立即下令，让淳于棼统率全国精锐与敌军决战。

淳于棼接到圣旨，不敢耽搁，立即统兵出征。可怜他对兵法一无所知，与敌兵刚一接触，立刻一败涂地，手下兵马被杀得丢盔弃甲，东逃西散，淳于棼差点被俘。

皇帝震怒，把淳于棼撤掉职务，遣送回家。淳于棼大叫，从梦中惊醒，但见月上枝头，繁星闪烁。此时他才知道，所谓南柯郡，不过是槐树下的一个蚂蚁洞而已。

悬梁刺股

苏秦,字季子,东周时洛阳人。他是历史上著名的谋士、说客,合纵抗秦外交路线的倡导者。

《史记》中记载,他曾东游齐国拜师,后来拜当时的大学者鬼谷子先生为师,学习治国安邦的学问。

当时,苏秦还很年轻,阅历不深,学问也不那么渊博,运用起所学来还达不到得心应手的程度,但这些都不影响他的万丈雄心。于是有一天他告别家人,带上充足的旅费,去寻找做官的门径。

首次出师的情形远不如苏秦想象的那么美妙。他先到达秦国。当时秦国的政局不大稳定,秦孝公去世不久,主持变法的商鞅很快遇害。

继位的秦惠王认为秦国羽毛尚未丰满,没有高飞远举的资格。结果是苏秦说得口焦舌燥,秦惠王仍然不为所动,弄得苏秦怅然离去。

苏秦无奈之中来到赵国。赵国的相国奉阳君是赵肃侯的弟弟,对苏秦的说辞也不予理会。

这时,苏秦的皮衣已穿得破败不堪,囊中的金钱也消耗殆尽,末路穷途,只好打道回府。客途归来的苏秦衣衫褴褛,面容憔悴,一副落拓相。

家里人看到他这副样子,都明白苏秦一定是失意而归,官没做成,钱却花完了。

苏秦的嫂子对苏秦冷嘲热讽地说:“大丈夫处世应该干点正经事,或者种田,或者经商,总之要做实事来赚钱养家糊口。你竟异想

【出处】 《战国策·秦策一》

【释义】 形容读书学习发愤刻苦。

天开,靠凭三寸之舌骗官做,只怕世界上还没有这么便宜的事呢!"

苏秦听了嫂子的话,心中很生气。他有一百条理由来驳斥嫂子,但却没办法将失败诠证为成功,更不愿与妇人一般见识。苏秦冷冷看了嫂子一眼,转身回到自己的房中。

苏秦的妻、妾见苏秦一副穷困潦倒的狼狈相,态度更为恶劣,连做衣服、补衣的活都不干了。

苏秦心中气愤,可也只好忍气吞声,将亲人的满腹牢骚化成动力,关起房门,刻苦攻读。读到月上三更,苏秦忍不住打起瞌睡。为了驱除睡意,他将头发吊在房梁上,只要一低头,吊在房梁上的头发就会将他扯醒。这就是头悬梁的故事。

"锥刺股"的故事发生在汉代学者孙敬的身上。

孙敬是信都(河北邢台)人,自幼好学,家中藏书不能满足他对知识的渴求,常常要借书来读。

为了多读书,他日以继夜,常常废寝忘食。有时太疲倦了,不知不觉伏案而睡,醒来时他对自己非常痛恨。为了提神,他想出了一个比较残酷,但却行之有效的办法,那就是在困倦时用锥子刺大腿(锥刺股),疼痛使他振作起来,继续读书。

到了莺飞草长的春季,孙敬的好友邀请孙敬到郊外赏花饮酒,孙敬总是借故推脱。有时实在是盛情难却,孙敬也是勉强出行,兴致不高,弄得同伴十分扫兴。

秋季是射猎的黄金季节。汉代读书人,每逢到了百草调零,野兽不易藏身的秋季,人们往往出门行猎。孙敬的好友热情招呼孙敬一道打猎,每次都被孙敬拒绝了。好友们于是称孙敬为"闭门先生"。

孙敬后来学有所成,著述很多,是汉代有名学者。

朝三暮四

战国的时候,宋国有一位老年人,非常喜欢猴子,家里养了好大一群,整天跟前跟后,围着他转悠,同他闹着玩,就像他的孩子一样。所以,左邻右舍都称他"狙(jū,古书里指猴子)公"。狙公很会揣摩猴子的心理,猴子也听得懂狙公的话,他们和和睦睦地生活在一块儿,十分快乐。

狙公的家境不太好,口粮也不多,而猴子们吃东西时总是狼吞虎咽,一个比一个胃口大。狙公宁愿自己勒紧裤腰带,也不忍心让猴子们饿着,就这样,斗里吃完了,吃瓮里的,瓮里吃完了,吃罐里的……眼看一个个都底朝天了,这可怎么办呢?

狙公犯了愁,想来想去只有忍痛减少猴子的粮食了。但他又担心猴子们不乐意,就哄骗它们说:"以后,给你们吃橡栗,早上三颗,晚上四颗。够吃了吗?"猴子们听说早上只吃三颗,都生气了,"吱吱"乱叫,左窜右跳,有的去抓狙公的手指,有的去拽狙公的胡子,有的去挠狙公的痒痒,还有的干脆把狙公的鞋子藏了起来,弄得狙公哭不得笑不得。

狙公琢磨了好一会儿,突然灵机一动有了主意。他和颜悦色地对猴子们说:"好了、好了、别吵啦,我改正还不行吗?以后给你们吃橡栗,干脆早上四颗、晚上三颗算了,这样总可以了吧!"说完,还亲切地拍了拍一只小猴子的脑袋。

【出处】 《庄子·齐物论》。原文:狙公赋茅,曰:"朝三而暮四。"众狙皆怒。曰:"然则朝四而暮三。"众狙皆悦。

【释义】 原指用名义上改变而实际上不改变的手法欺骗人。亦形容数目多。后比喻反复无常。亦作"朝四暮三"。

猴子们一听，早上增加了一颗，非常满意，摇头摆尾，好不开心。老猴子一声召唤，群猴一齐伏下身子，不住地给狙公磕起头来——它们是在向狙公感恩哩。狙公看着这情景，也捋着长胡子高兴地笑了。

万事俱备，只欠东风

公元 208 年，曹操领兵八十万驻扎赤壁，隔江对峙的是刘备、孙权组织的联军。

诸葛亮作为刘备的军事代表，应东吴之邀参与以周瑜为总指挥的对曹军的联合作战部署。

战前，交战双方互相渗透，派遣间谍刺探军事情报。曹操派周瑜当年的同学蒋干过江，以老同学的身份住在东吴的大营之中，接着又派荆州降将蔡中、蔡和向周瑜诈降。

周瑜早已看破此计，他表面上对曹操派来的这三个人一派信任的姿态，暗中却睁着眼睛对他们严加监视。然后，将计就计，巧妙地利用他们，向曹军传递虚假的军事情报。

东吴老将黄盖与周瑜事先定下计策，由他建议东吴投降曹操，周瑜故作震怒，将黄盖一顿痛打。黄盖则以此为借口向曹操诈降。然后，由东吴的谋士阚泽替黄盖送信，表示愿意降曹，对周瑜个人进行报复。

曹操听说有东吴人来降，便亲自接见了阚泽，他先表示怀疑，可是随后接到蔡中和蔡和的密信，证实黄盖确实被周瑜狠狠地毒打，

【出处】 《三国演义》

【释义】 意指周瑜定计火烧曹营，一切准备好了，只差东风。后来比喻一切都已齐备，只差最后一个重要条件。

这才信以为真。

周瑜看到黄盖诈降成功，又请住在东吴的奇士庞统继续用计。蒋干过江后，白天闲极无聊，便四处游逛，巧遇庞统。

蒋干知道庞统是一代志士，便劝说庞统投奔曹操，将来做番大事业。庞统对蒋干说，他正求之不得，便拿着蒋干的书信过江与曹操相见。

曹军中的士兵大多是北方人，不习惯于水战，一上船就晕船，一个个东倒西歪。庞统给曹操出主意，建议他们将战船用铁索锁在一起。

于是曹军的士兵们在联接在一起的战船上操演阵法，与在陆地上一样平稳，曹操见了，赞赏庞统这种做法的高明。

曹操做梦也没有料到，所有这一切，都是周瑜为火烧曹军而预先做下的准备工作和设下的圈套。

当时正值隆冬季节，必须有东风吹拂才能将火烧向曹营，但这时却不是刮东风的时候，去哪里唤东风呢！为此事，周瑜急得坐立不安。因为没有东风，他以前所做的一切都将前功尽弃。

不得已，周瑜装起病来，躲在大帐中苦思冥想筹措破曹大计。

大战在即，总指挥却病倒大帐，这可急坏了东吴大大小小的各级将领，他们心中惴惴不安，惟恐破曹大事付之东流。谋士鲁肃更是万分焦急。

诸葛亮见时机已经成熟，便以探病的名义来到周瑜的大帐中。诸葛亮见到周瑜，对他说："周将军的病，在下我能治，将军只要看了我开的药方，就会立即康复！"

说完，在他手心写下："欲破曹公，须用火攻；万事俱备，只欠东风"几行小字。周瑜看罢，立即从床上跳了下来，请求诸葛亮帮忙。诸葛亮说："将军的事，就是我的事，我当义不容辞！"

诸葛亮学识渊博，通晓天文。他近日观天象，知道近日必有东风，就故弄玄虚地说："我有呼风唤雨的法术，可借三日东风。"

周瑜听罢，病已痊愈，拍手说："莫说三日，只要一夜东风就可以大功告成!"

这天,诸葛亮登坛烧香,口中念念有词。果然到了半夜刮起了东风。周瑜一声令下,黄盖率领火船向曹营驶去,当靠进水寨,点燃船上的柴草。

这时东南风正紧,只见风助火势,火借风威,把曹营变成一片火海,死伤无数。曹操带着残兵逃回许昌。

南辕北辙

魏王要发兵攻打赵国,大臣季梁奉命出使到外国,听到这个消息后,立即赶了回来。

他连家也没回,衣服也没来得及换,就进宫去见魏王。魏王很奇怪,问他:"你怎么回来了?有什么要紧的事吗?"

季梁说:"是啊,我在太行山一带,遇到一个人,他坐着车正往北走,可却得意地对我说:'咳,我要到楚国去了!'"

魏王哈哈大笑道:"楚国在南方,他怎么往北跑呢?"

季梁说:"是呀,我也这么问他。可是他却说:'不要紧,我的马跑得快,'我说:'你的马虽然跑得快,但这不是到楚国的路呀!'他又说:'不要紧,我的路费带得多。'我说:'你的路费带得再多也没有用。'他还是说:'不要紧,我的车夫赶车的本领可大哩,谁也抵不上他。'"

魏王忍不住叫道:"咳!天下竟有这样的糊涂人!"

【出处】 《战国策·魏策四》。

【释义】 辕:车前驾牲口的部分。辙:车轮碾过的痕迹。指道路。本来要往南边去却驾车向北。后用来比喻行动和目的截然相反。

　　季梁说:"大王说得对,他的方向弄错了,即使马跑得再快、路费带得再多、驾车的本领再大,也到达不了目的地,相反却离楚国越来越远!"

　　说到这里,季梁话锋一转,说:"如今大王想成就霸业,那就应该取得各国君主的信任才对。可是,您却想凭借兵精粮足、国土广大的优越条件,去攻打赵国,以此来提高自己的威望。这样,攻打别国的次数越多,离开您的愿望就越远,这不正如那个南辕北辙的人一样吗?"

　　魏王沉默不语了。后来,他终于放弃了攻打赵国的计划。

负荆请罪

　　战国时,赵国有一文一武两个得力的大臣。武的叫廉颇,他英勇善战,多次领兵战胜齐魏等国,以勇气闻名于诸侯。文的叫蔺相如,他曾两次出使强大的秦国,面对骄横的秦王,他临危不惧,有勇有谋,顺利地完成了使命,维护了国家的尊严。因此,赵王封他为上卿,官位在廉颇之上。

　　廉颇见蔺相如本来是一个默默无闻的家臣,一下子官位比自己还高,很不服气,到处对人说:"我攻城占地,立了不少大功,而蔺相如只不过是动动口舌,地位就在我之上。何况他本是个卜等人,官职在他的下面我感到羞耻,如果我遇到他,一定要当面羞辱他。"

　　有好心人把廉颇的话告诉了蔺相如,劝他去报告赵王。蔺相如不仅不去报告,以后出门还格外小心,听说廉颇来了,就远远避开。

　　【出处】　《史记·廉颇蔺相如列传》。

　　【释义】　负:背负。荆:荆条,古代用来打人的刑具。背负着荆条,请对方责罚。表示主动向对方承认错误,请求责罚。

赵王朝见大臣时,他也常常托病不去,避免与廉颇见面。他的手下人见了,很不痛快,对他说:"我们之所以离开父母兄弟跟着你,是仰慕你的勇气。现在你的职位比廉颇高,廉颇羞辱你,你却躲着他,如此胆小害怕。老百姓尚且有羞耻之心,何况你是一个大臣呢!我们忍不下这口气,请让我们离开你吧!"

蔺相如坚决不让他们离去,问道:"你们看廉将军和秦王哪个厉害?"他的部下说:"当然是秦王了。"

蔺相如笑道:"秦王是一个强国的国君,我都敢当面斥责他,难道会怕廉将军吗?我只是觉得,强大的秦国之所以不敢侵犯赵国,是因为有我和廉将军两人在。如果我和他两虎相斗,必然是要伤害其中一个。这样,对国家不利。我之所以让他,是为国家着想。个人恩怨是小事,不该计较。"

这话传到了廉颇耳朵里,他感到很羞愧,便光着上身,背着荆条,上蔺相如的家里请罪。从此,两人结为生死之交,共同为赵国出力。

磨杵成针

唐代著名的诗人李白,祖籍陇西成纪(今甘肃秦安东)人,生于中亚的碎叶(今巴尔喀什湖南的楚河流域)。

五岁时,随父亲迁居绵州昌隆(今四川江油),随即开始认字读书。他天资聪颖,到十岁时已读了很多诗书。

【出处】 明·陈仁锡《潜确类书》

【释义】 杵:春米或捣物用的棒槌。把铁棒磨成绣花针。比喻有恒心,有毅力,再大的困难也能克服。

李白的父亲是个富商,家里很有钱。李白从小养成好玩的习惯,因此不用功读书,往往读了一会后,就放下书本,到外面闲逛去了。

一天,李白又读得烦心起来,便到野外去游玩。在一条小河边遇见一个老婆婆,正在石头上用力磨一根大铁棒。李白觉得很奇怪,问道:"老婆婆,您这是在干什么啊?"

老婆婆抬头瞧了瞧李白,回答说:"孩子,我这是在把它磨成针哪!"

李白惊奇极了,说:"啊,这么粗的一根铁棒,要把它磨成针,能行吗?"

老婆婆笑笑说:"不停地磨下去,这铁棒会越来越细,只要坚持不停最后一定会被磨成针,怎么不行呢?"

李白听了很受感动,受此启发于是下决心坚持读书。后来,他终于成为一位著名的诗人。

高山流水

俞伯牙是我国古代著名的琴师,相传是春秋时楚国人。当初他曾经拜有名的演奏家成连先生为师学琴。他本人很刻苦,又有名师指导,可苦练三年后琴艺仍不够精妙。

后来成连先生对他说:"我只能向你传授曲,却不能转移你的性情。我有位老师叫方子春,不仅善于鼓琴,还能转移人的性情,现今他住在东海上,你愿意和我一道去向他请教吗?"伯牙当然从命。

来到东海蓬莱山上,成连先生对伯牙说:"你自己在这儿练琴吧,到时候方老师自然会帮你的。"说完就坐船回去了。伯牙住在蓬

【出处】 《列子·汤问》
【释义】 比喻知音难遇或乐曲高妙。

莱仙山，每天从早到晚，除了练琴外，便到各处寻幽探胜。那寂静的森林，潺潺的溪水；那绚烂的野花，唧唧的虫鸣；那深沉悠长的虎啸龙吟，潮涨潮落的涛声……这一切，交织成一曲多么和谐美妙的音乐。伯牙仿佛感受到大自然的一切跟自己融会成一体，达到了"天人合一"的境界。他把这种感受谱入琴曲，便产生了一种跟以前迥然不同的韵味，从此琴艺大进，达到了一种出神入化的新境。

这时，伯牙想起成连老师的教诲，心中才明白，所谓方子春老师就是大自然。他把听到的大自然的各种音响——澎湃的涛声，悲号的鸟声，唧唧的虫声，潺潺的水声，抚琴而歌，创作了一首著名的琴曲《水仙操》。后来，俞伯牙开始到各地游历。

这一天，俞伯牙来到泰山，忽然下起了暴雨。伯牙赶紧跑到一座山崖下面去避雨。雨越下越急，伯牙的心中有所感受，手指拨动着琴弦，不觉铮铮琮琮地奏出了淋雨的声音。

这时，一个叫钟子期的青年樵夫也来崖下避雨，放下柴担，倚在崖壁旁听琴。听了一会儿，不禁点头称赞说："这是淋雨的声音啊！"伯牙暗自吃了一惊，想不到一个樵夫竟有如何高明的欣赏能力，不由得看了他一眼，又故意在指头上用劲，弹出山崩地裂的声音。钟子期听了，又点头称赞说："这是山崩的曲调啊！"伯牙推开琴，上前握住钟子期的手说："好啊！你可真是我的知音啊！"这时已雨过天晴。二人坐在石头上亲热地谈了起来。伯牙发现，子期虽是个樵夫，却学识渊博，志趣高远。从此，两人成了心心相印的好朋友。《列子·汤问》一文中说："伯牙鼓琴，志在高山，钟子期曰：'善哉，峨峨兮若泰山！'志在流水，钟子期曰：'善哉，洋洋兮若江河！'伯牙所念，钟子期必得之。"就是说，伯牙在演奏表现高山的曲子时，钟子期就赞叹说："这琴弹得真好！巍峨如同泰山！"当伯牙演奏表现流水的曲子时，钟子期赞叹说："这琴弹得真好！浩荡如同江河！"伯牙所奏，钟子期都能听出来。据说，这里提到的乐曲就是伯牙所作的《高山流水》。

伯牙是士大夫，钟子期是樵夫，两个地位不相等的人，只因"知音"而成为好朋友，亲如兄弟。后来钟子期死了，伯牙到坟上祭奠他，奏了一首悲哀的歌,泪流满面地说:"从此不再有知音了!"说完,将琴摔碎了,终身不再抚琴。

杯弓蛇影

东汉时,有个叫应郴的人,曾经在汲县(今河南省汲县)当县令。这一年的夏至,应郴请县里的主簿杜宣到家里做客。他在客厅摆了一桌丰盛的宴席,请杜宣饮酒。当时,客厅的北墙上挂着一张红色的弓,弓的影子映在酒杯里,形状就好像一条游动的蛇。杜宣看见了,感到十分厌恶,但又不敢不喝。勉强喝下去后,回到家就得了胸腹疼痛的病,吃不下饭,睡不好觉,因而身体渐渐地消瘦了。家里人很着急,请了许多有名的医生,采用各种方法治疗,也不见好转。

后来,应郴知道杜宣病了,就去看望他。应郴察看了杜宣的病情,问起他患病的原因,杜宣这才吞吞吐吐地说:"酒杯里的蛇进了我的肚里。"

应郴回到自己家里,站在客厅里想了半天,猛然回头看见墙上挂着弓,心想:酒杯里怎么会有蛇呢?一定是这东西引起的。

于是,应郴就派县里的差役,用手推车把杜宣请来,还在上次请他饮酒的地方准备了酒,酒杯中果然又出现了蛇。应郴告诉杜宣说:"这是挂在墙上的弓的影子。"

杜宣知道酒杯中的弓影,就没有心理负担了,一高兴,病也渐渐地痊愈了。

【出处】 汉·应劭《风俗通·怪神》
【释义】 形容疑神疑鬼,自相惊扰。

塞翁失马

战国时，在靠近北部边城的地方，住着一位叫塞翁的老人。

塞翁带着一家人以养马为生。

日子过得虽然不十分富裕，但一家人相亲相爱，自有一番天伦之乐。

一天，塞翁的马群中突然走失了一匹马。左邻右舍听说塞翁家丢了马，都纷纷跑来安慰他。有人说："老人家，丢一匹马，不算什么，你不是还有许多马吗！"

还有人劝："老人家，你岁数大了，不要为一匹马伤了身体，要往开里想。"

塞翁看到邻居们都如此关心自己，心中十分感谢，便对各位邻居们拱拱手，笑笑说："多谢大家的安慰，丢了一匹马损失不大，说不定会带来什么福气呢！"

邻居们听了塞翁的话，非常不理解，心中暗想，马丢了，是明摆着的倒霉事，大家劝他莫着急，他不着急也就不容易了，还说会有什么福，真是莫名其妙。喔，他只是自己安慰自己吧！

过一段时间，大家也就淡忘了此事。没想到，不久，塞翁家丢失的那匹马不但自己跑了回来，而且还带回一匹匈奴那边的骏马。

左邻右舍听说塞翁家的马不但回来了，还带回一匹马，又都纷纷前来祝贺，有人说："还是您老人家有运气！"

【出处】 《淮南子·人间训》

【释义】 塞翁：边塞上的一个老头儿。比喻虽暂时受到损失，却可能因此而得到好处，坏事变成好事。常与"安知非福"连用。安：何，如何。

　　有人称赞："您老人家料事如神,福星高照,不但丢的马回来,还带了一匹。"大家你一言,我一语,越说越高兴。可是,说来也怪,塞翁听了邻居们的祝贺,却一点也高兴不起来,一脸愁容满怀忧虑地说:"白白得了一匹马,不见得是什么福气,说不定会惹来什么祸害呢!"

　　邻居们看到塞翁这副模样,又听了他的那番话,以为塞翁是故作姿态,明明是心里高兴,却有意不说出来。但又转念一想,塞翁这老人家不是那种不露声色的狡猾人,真让人费解。

　　塞翁有个独生子,从小就非常喜欢骑马。他发现被带回来的那匹匈奴马顾盼生姿,细腰身,大蹄子,嘶鸣嘹亮,显得特别神骏,谁一看都知道是匹好马。他喜欢那匹马,每天都要骑着出去走几趟。

　　一天,他骑在马上打心眼里得意,便快马加鞭飞奔起来,一不小心从马背上翻了下来,命保住了,腿却被摔断了。

　　邻居们听说塞翁的儿子出事了,便又来劝慰。一番好话过后,塞翁又开口了,他慢条斯理地说:

　　"没什么,摔断了腿却保住了命,也许是福气吧。"

　　接连几件事,这老头都有自己的说法。邻居们觉得他说得似乎都有那么点儿道理,但怎么也想不明白:摔断了腿还能是什么福气呢?

　　事隔不久,境外的匈奴大举入侵,边城的所有年轻人都被召入伍。征到塞翁的儿子时,一看是跛子,便放弃了,谁能让跛子去当兵呢!那仗打得真苦,几乎所有的人都战死了,唯有跛了腿的塞翁的儿子保住了性命。

打草惊蛇

南唐时，有个当涂县令，叫王鲁。他爱财如命，利用自己掌握一方人、财、物大权的方便，敲诈勒索，贪污受贿，大肆搜刮民财，是当地有名的贪官，但他这个人阴险狡诈，做事十分隐蔽，一般老百姓都不了解内情。

县衙里的其他官吏也都上行下效，对百姓敲骨吸髓，无恶不作。全县百姓对他们恨之入骨。

一天县衙主簿指使几个小吏敲着锣满街乱喊，征调苛捐杂税。当时，正是青黄不接的季节，百姓们连锅都揭不开了，哪还有钱交税？他们实在忍受不下去了，就联名写了份状子，向县令王鲁状告主簿贪污受贿的罪行。

王鲁坐在大堂上，让衙役接过状子，摆出一副"父母官"的样子传话说："本官一定为百姓做主。"

可是等他拿到手中一看，不由得吓出了一身冷汗。因为状子上写的那些违法贪污事情，几乎没有一件与他无关，有些就是他支使下属干的。于是他又急忙传话说："此案案情复杂，待本官调查核实后再开庭审理。你们先回去吧！"

王鲁预感到大祸临头，急得在书案前转来转去，心想：如果受理此案，往深一查，自己就露馅了。

不行，我一定要压下此案，绝不能让上司知道。于是他提起笔，不由自主地在案卷上批了八个字：汝虽打草，吾已惊蛇。意思是说：

【出处】 宋·郑文宝《南唐近事·王鲁为当涂宰》

【释义】 打草时惊动伏在草中的蛇。原比喻惩此戒彼。后用"打草惊蛇"比喻因行动不谨慎而惊动了对方。

你们虽然告的是我的属下主簿，可是我已经感觉到事态的严重了，就像打草的时候惊动了草地里的蛇一样。

王鲁暗地里压下案卷，并召集属下筹划防范的措施。

然而，这样的话写在案卷上，不是此地无银三百两吗?后来上司根据这个线索查清了案情，把这批贪官全都绳之以法，为百姓除了祸害。

后来居上

汉武帝当政时候，朝廷有一个名叫汲黯的大臣。他博览群书，学识渊博，而且为人耿直，敢说敢做。

每当上殿议论朝政的时候，汲黯从不迁就别人的过失，甚至经常直言劝谏皇帝。武帝不喜欢他，便寻了一个借口，派他到东海去当太守了。

汲黯倒不在乎这些，当太守就当个好太守。他公正廉洁，为民做主，办了许多好事，深得东海地方百姓的拥戴。武帝知道了这件事情，又感到汲黯这个人可用，于是把他调回都城，在朝廷做一个叫主爵都尉的官。

当时，武帝下在召集四面八方的文人、学士，声称要施行仁义之政。耿直本性不改的汲黯，对这些却有看法，直言不讳地对武帝说:"陛下这样做未必是好。您在外表大力施行仁之政，可是内里却有那么多的个人欲望，这怎么能成为像古代那样贤明的圣君呢?"

武帝听了这话，脸色顿时发白，气得一甩袖子转身走了。满朝的大臣们都吓坏了，纷纷劝说汲黯:"你的脾气得改呀!皇帝真的怪罪下来那不了得!"

【出处】 《史记·汲郑列传》
【释义】 指资格浅的反而居于资格老的之上。

汲黯仍不以为然，他说："皇帝要我们这些大臣干什么？不就是让大家发表意见，帮助管好国家嘛！如果尽说些皇帝喜欢、没有用处的话，那不是有意坑害皇帝吗？"大臣们你看看我，我看看你，没有再说什么。

武帝没有追究汲黯，但也没有重用他。汲黯眼见一些惯于阿谀奉承的人，甚至原来职位比自己低得多的小吏，一个个都得到提拔，官职在自己之上，心里也不是滋味。他琢磨着，得找机会与武帝理论一番。

碰巧，这天武帝与汲黯谈论起用人之道，汲黯忙说："陛下用群臣如积薪耳，后来者居上。"武帝愣了一下，问这话是什么意思。汲黯于是解释说："陛下好好想想，您使用官吏像不像堆柴草呀？堆柴草的时候，先运来的放下面后运来的堆在上面。陛下提拔官职，不也是这样吗？我在陛下眼前干了这么长时间，还在下面；而那些在我之后的人，不都跑到我上面去了吗？"武帝明白了汲黯的意思，半晌没有说出话来。

天衣无缝

传说有个名叫郭翰的读书人，一个夏天的夜晚，明月高照，独自在院子里纳凉。

忽然一阵清风拂面而来，郭翰抬头一看，惊奇得说不出话来。只见一位如花似玉的姑娘，从半空中飘然而至，落到了他的面前。郭翰心想，是什么地方来的这样美丽的姑娘呢？一问才知道，她是牛郎的妻子织女，织布织累了，到人间来解解闷。织女看见了郭翰有些疑

【出处】　《灵怪录·郭翰》
【释义】　比喻事物完美自然，没有破绽。

惑,便让他看自己的衣服。

郭翰仔细地打量着织女的服装。这身衣裳色彩斑斓,闪烁不定。最令人叫绝的是,整套衣裳浑然一体,竟看不出一丝儿线缝。郭翰不禁纳闷:这衣服是怎么裁剪,又怎么做出来的呢?什么人有这么好的手艺?

织女仿佛看出了郭翰的心事,抿嘴笑着说:"这是天衣。天衣和你们人间穿的衣服可不一样,从来不用剪刀裁,也不用针线缝,当然找不到缝接的地方(天衣无缝)。"

三过其门而不入

早在人类的洪荒时代,由于生产力水平低下,人类的认识水平还处于蒙昧时期,那时,各种自然灾害严重地威胁着人们的生存,洪水泛滥,就是其中之一。我们的祖先,经过世世代代顽强的奋斗,抗御水灾,改造、战胜了自然,为自己赢得了生存和发展。大禹治水的感人故事,以及大禹的形象,实际是中华民族勤劳、勇敢和集体智慧的结晶。

传说禹的父亲名叫鲧,他奉舜之命治水,那时只知道用堵截的办法来防治洪水,这当然很难奏效,神话故事还说,鲧窃取了天帝的"息壤"(一种能随水涨多高它也能涨多高的宝物)来治水,天帝震怒了,鲧便被杀死在羽山。禹接替了父亲的职务,继承父志,他带领大家治理洪水。

禹认真总结了前辈们的经验与教训,认识到一味堵截不符合自

【出处】 《孟子·离娄下》。原文:禹、稷当平世,三过其门而不入,孔子贤之。

【释义】 几次经过家门,都不进去。指大禹治水的故事。

然规律，他改用疏导的办法，兴修沟渠，疏通河道，将遍地泛滥的洪水依据自然地势引入大海，终于制服了洪水，并同人们一道，发展农业生产。夏禹为了治水，废寝忘食，常年奔走四方，跋山涉水，风雨兼程，常常亲临施工现场进行督察和指挥。

夏禹全身心地投入到治水工作中。他看到百姓饱受洪水之害，心里认为这无疑是自己给人民造成的灾难，所以他加倍地忘我劳动。当时生产力极不发达，条件十分艰苦。他的皮肤被晒得黝黑而粗糙，身上瘦得皮包骨，手上和脚底板长满了厚茧，还患了风湿症，四肢关节运转不灵，据说他走起路来，后脚迈不过前脚，只能一步步往前挪动了。

大禹在治水过程中，根本顾不上自己的家，据后来许多书籍上记载说，他为了抢时间，多次从自己家门口经过，但都没有进去，他的孩子降生时，他也没有心思和时间去过问。甚至打家门口经过，听见屋里孩子在哇哇地哭叫，也没能进去看上一眼，狠了狠心，还是向治水现场走去了。

大禹治水成功了，他理所当然地受到人民的拥护和爱戴，舜帝对他的品德和才能非常赞赏，最后让禹接替自己当了首领。

大禹一心为大众工作，在征服自然灾害的斗争中，公而忘私的自我牺牲精神，被炎黄子孙一代代继承和发扬光大，成为中华民族的传统美德。

图穷匕见

战国末年,秦王嬴政登上了王位,开始策划兼并其它六国。公元前228年,秦国灭掉了赵国后,立即瞄准下一个要吞并的目标,挥师北上,直指燕国。

燕国的太子丹找到一个名叫荆轲的壮士,准备刺杀秦王。太子丹为荆轲准备了一把无比锋利而且浸过烈性毒药的匕首,还准备了两件会使秦王高兴的礼物:一件是秦王一直在缉拿的叛将樊於期的头颅;另一件是一张燕国督亢地区的地图,假称燕国打算将这块地方献给秦国。

荆轲扮作燕国的使者来到了秦国都城咸阳,用重金买通了秦王的宠臣,得到了进见秦王的机会。

见秦王的那天,荆轲小心地把匕首卷在地图最里层,严严实实地封好。秦王的大殿前,戒备森严,荆轲昂首阔步走上殿阶,向秦王施了礼。秦王首先验明了樊於期的头颅,感到十分满意,然后踌躇满志地让荆轲展开要献的地图给他看。地图慢慢地展开了,差不多快到尽头时,匕首一下子露了出来!

秦王大吃一惊,荆轲马上操起匕首,左手拽住秦王的衣袖,向他猛刺过去。秦王拼命挣扎,把衣袖都扯断了,总算躲过了匕首,然后绕着殿中的大柱奔跑,一边躲避身后紧追不舍的荆轲,一边试图拔出身上佩带的剑。

可是秦王的剑太长了,越急越拔不出来,旁边的朝臣个个吓得呆若木鸡。正在万分危急时,秦王的御医急中生智,端起药囊向荆轲

【出处】 《战国策·燕策三》

【释义】 比喻事情发展到了最后,终于露出真相或本意。亦作"图穷匕首先"。

砸去。荆轲一怔,秦王乘机拔出剑来,砍断了荆轲的左腿。荆轲忍住剧痛,使出全身力气,将匕首朝秦王掷去。秦王急忙避闪,匕首击在铜柱上,碰出点点火星。秦王对荆轲连砍八剑,荆轲还骂不绝口,卫兵一拥而上,将荆轲乱刀砍死。

经过六年的征战,秦王灭掉了六国,统一了中国,成为历史上的第一位皇帝——秦始皇。

不遗余力

《史记·平原君虞卿列传》记载了这样一件事:

战国时期,有位四处游历的说客,他来到赵国,穿着草鞋,头顶笠帽,游说赵孝成王。

孝成王对此人一见倾心,赐给他大量黄金和一双白璧,后来,又拜他为上卿,并将虞地封赐给他。于是,此人便号为虞卿。

秦国同赵国在长平作战,赵军连吃败仗,损兵折将。赵王便召集楼昌和虞卿等人计议道:"我军屡战屡败,已有一名都尉阵亡了。我打算集中所有兵力,与秦军决一胜负,大家看怎么样?"

楼昌说:"这无济于事啊!依我看,不如派遣有身份的使者去跟秦国人讲和吧!"

虞卿说:"楼昌之所以建议与秦国谈和,其原因无非是认为如果不谈和,我军必然要灭亡。可是,和谈的主动权现在控制在秦国人手里呀。"

稍稍停顿之后,虞卿接着问赵王道:"请问,您看秦国人是一心要攻灭我国的军队呢,还是另有他图?"

【出处】 《战国策·赵策三》
【释义】 不留下剩余的力量。指毫无保留地使用一切力量。

赵王心事重重地回答道："秦之攻我也，不遗余力矣（秦国正是使出它的全部力量啊）。它必将攻破我军，方才罢休。"

虞卿道："君王您听我说，我国应该派出使者，带着贵重宝物去结交楚国和魏国，他们想得到我们的宝物，肯定会接纳我国的使者，并与我们合作。赵国使臣到楚国和魏国去，而且受到他们的盛情接待，秦国必然怀疑天下各国会联合起来反对他们，一定很恐慌。这样，和谈才能取得成效啊。"

赵王听不进虞卿的话，却单方面派遣郑朱到秦国去与秦国媾和，秦国接纳了郑朱。

赵王自以为得计，召来虞卿，问道："我派郑朱到秦国进行和谈，秦国人接纳了郑朱，看来事情是有希望了，爱卿你以为如何？"

虞卿给赵王当头泼了一盆凉水，他说道："您的和谈肯定不会成功，赵国的军队定将遭到毁灭性打击。"

赵王听了，大吃一惊，简直莫名其妙。虞卿见赵王不解，接下去对赵王说道：

"现在全天下那些替秦国人捧场，等着祝贺秦国大获全胜的人们，都集中在秦国了。那郑朱，是一位贵人，您把他派到秦国去，秦王和他的大臣范雎如获至宝，他们必定会借郑朱入秦一事，来向天下人显示秦国如何了不起。而楚、魏两国认为赵国已与秦国媾和，必然不会来救助您。秦国得知各国不来救赵，和谈是不能成功的。"

果然，范雎借郑朱来秦国一事，向那些祝贺秦国打了胜仗的人们大肆显示秦国的威风，终于不肯与赵国谈和。后来赵国军队由于主将赵括是个不会带兵打仗，而只知夸夸其谈的人，在长平被秦将白起打败，全军覆没，秦军围攻邯郸。赵国由于决策错误，遭到人们的耻笑。

囫囵吞枣

传说有个年轻人喜欢自作聪明,常常闹出一些笑话来。有一天,他向一位老医生请教,吃什么水果最有益于健康。老医生对他说:"水果各有各的特性,每种水果对人的身体都有益处,但吃多了,也会带来害处。比如说吃梨子对牙齿有好处,但吃多了,就会损伤脾胃。枣子呢,对脾有健补作用,但多吃了,对牙齿又不利。所以吃什么东西都要适量啊!"

年轻人摇头晃脑地说:"我有办法既可以得水果对人体之益,又可以不受它的伤害。"老医生问道:"你有什么好方法呀,能告诉我吗?"

"我的方法就是,对不同的水果,用不同的方法去吃。比如吃梨子,只在嘴里嚼,不咽下肚去;吃枣子,不用牙齿咬,整个儿吞下去。这样,就有益无损,既不伤牙齿,也不伤脾胃了。"

老医生听了,忍不住笑道:"你这个方法可不怎么样。吃梨子只嚼不咽倒还可以做到;吃枣子不嚼而咽,却很为难。你那样囫囵吞枣,滋味可不好受啊!"

【出处】 宋·朱熹《答许顺之书》

【释义】 把枣子整个吞下。比喻笼统地接受,不加分析、甄别,不求甚解。

一诺千金

楚汉争霸时,刘邦几次被项羽的部将季布打得狼狈不堪。项羽兵败后,季布孤身杀出重围,从此亡命天涯。

刘邦恨透了季布,下令通缉他,并严厉宣布:有胆敢隐藏逃犯季布者,灭其三族。

季布原是楚国人,从军前后一直仗义疏财,急人之难,广交天下豪杰,因而有不少人甘心冒着全家被杀的危险收留他。不过追捕的风声越来越紧,季布觉得躲在寻常人家很不安全,于是化装成做苦力的穷汉子到朱家那儿做佣工。

朱家是当时著名的侠义之士,交游甚广,他认出了季布。出于爱护之心,故意做出不相识的样子。

不过他认为,季布如此隐姓埋名东躲西藏不是长远之计,应该想办法使季布彻底脱离困境。

他叮咛儿子好好款待季布,然后动身来到洛阳,找到一个刘邦的近臣,说:

"做臣子的当然要各为其主。想当年,季布在项羽麾下为将,当然要尽心尽力为楚国出力,那完全是做忠臣的本分。他几次打败汉王,这证明他很有本事,汉王现在当了皇帝,正应该招揽四海贤能辅佐以治理天下。当今皇帝是个宽仁大度的圣君,何必为当年的旧事耿耿于怀呢!季布是个少有的贤臣,把他逼得走投无路,他只能逃往敌国,这样一来,汉朝少了一个能臣,敌人却多了一个得力干将,权衡利弊,应该取消通缉,招他来归顺才对。"

【出处】 《史记·季布栾布列传》

【释义】 形容做人极讲信用,说话算数。

朱家的一番话，说得尽情尽理，打动了刘邦的近臣。这位近臣面见刘邦，转述了朱家的意见。刘邦想想，也很为自己的做法惭愧，最后不仅取消了通缉令，还任命季布到朝廷任中郎将。季布十分感激，在职期间，工作十分努力。

曹丘生是季布的同乡，很有口才。平时很敬重季布的为人，只是无缘结交。后来游历到洛阳，听说季布已经做了中郎将，他托窦长君介绍他与季布相识。

窦长君向季布转达了曹丘生的愿望。季布对曹丘生早有耳闻，听说他是个油嘴滑舌，毫无真才实学的人，不愿与这样的人为伍，便写信给窦长君说："我对曹丘生素无好感，近朱者赤，近墨者黑。如果我交了他这样的朋友，怕天下的人会耻笑我。足下不必为这件事费心了。"

但曹丘生不是季布所想像的那种人。他除了能言善辩以外，为人还是忠厚的，尤其喜欢结交英杰贤士，他不肯轻易放弃季布这样的好朋友，便决定亲自登门拜访。

季布见曹丘生主动相访，不好拒绝，但接待十分冷淡。

曹丘生预料到会有这样的场面，他胸有成竹地侃侃说道：

"您是楚地人，我也是，你我既是同乡就该珍视乡情才是呀。您大约听说过，楚地有句民谚：'与其得到黄金丁两，还不如得到季布的一个承诺呢！(得黄金千两，不如得季布一诺)。您在楚地和梁地所以有如此好的名声，都是我到处宣传的结果呀。我们为什么不能成为朋友呢！"季布听了改变了原来的态度，与曹丘生成了至交。

先发制人

　　秦朝末年，爆发了陈胜、吴广农民大起义。起义风暴横扫全国，秦王朝的统治摇摇欲坠。一些贵族宗室和地方官吏，也趁机起兵反秦。会稽太守殷通也想反戈一击，但觉得单靠自己势单力薄，便把在吴中一带颇有威望的社会名流项梁请去商量。

　　殷通说："现在长江中游两岸都造反了，这是老天爷要灭掉秦朝，时机不可错过。我听说，先动手可以制服对方(先发制人)，后动手就要被对方制服。我想趁早宣布起义，请你和桓楚两人带兵，意下如何?"

　　殷通没想到，项梁的野心比他更大。项梁觉得殷通无能，成不了气候，哪里肯当他的下属?但是他掩饰住内心的意图，不动声色地说："很好。但是桓楚逃亡在外地，只有我的侄儿项羽知道他的下落，让我带他来一起商量。"殷通当即高兴地同意了。

　　不一会，项梁把项羽带来了，进屋后，项梁向项羽使个眼色，武艺超群的项羽立刻拔出佩剑，杀了殷通。叔侄俩取出殷通的太守官印，喝令殷通官府里的衙役投降。有不服从命令的，当即被项羽连斩数十人。其余的人见项羽勇猛难当，便全部归顺。

　　项梁宣布自己继任会稽太守，收编了郡下属县的兵丁，招募了大批江东子弟。他组织起一支八千多人的军队，宣读了反秦声明，渡江西进，去打天下了。

　　殷通想"先发制人"，不料却落了个人头落地、命丧黄泉的下场。

　　【出处】　《汉书·项籍传》。原文：方今江西皆反秦，此亦天亡秦时也。先发制人，后发制于人。

　　【释义】　制：制止，控制。指争取主动，先动手来制服对方。

尔虞我诈

春秋时期，强大的楚国攻打弱小的宋国，把宋国的都城包围了起来。宋国的将士坚守城池，决不投降。

几个月之后，宋国粮食吃光了，百姓交换孩子当饭吃。外面的楚军由于长期围困，将士疲乏，粮食也十分紧张。

楚庄王准备退兵。这时一个谋士献计说，叫士兵们盖房子、种地，装成长期住下去的样子。这样，宋国一害怕，就会投降。

于是楚军开始造房子、种庄稼。宋国军士见了非常惊慌。大将华元鼓舞大家宁肯饿死也不投降。一天夜里，华元一个人偷偷出城，摸进楚宫，潜入楚军统帅子反的帐中。他对子反说道："我们的粮食已经用光了，现在老百姓交换着孩子杀死充饥，把尸骨劈开当柴烧，但是我们宁愿死去也不投降。你赶快下令退兵三十里，同我们订立和约。"

子反在华元的逼迫下同意退兵，并报告楚庄王。楚庄王同意讲和，于是双方订了盟约，楚国退兵。盟约上写道："我不欺骗你，你也不要欺骗我。"

【出处】 《左传·宣公十五年》

【释义】 你欺骗我，我欺骗你。形容互相欺骗。也作"尔诈我虞"。

入木三分

王羲之是东晋时期一位著名的书法家，他博采众长，创造了一种具有独特风格的书法流派，被后人称誉为"书圣"。

王羲之自小就很有书法天赋，七岁时已崭露头角，写得一手好字。羲之十二岁那年，偶然在父亲的书房里发现一本讲解书法的好书，就偷偷拿出来阅读。

从此他手不释卷地日夜攻读，一丝不苟地按书中讲的方法运笔练字，书法水平长进得很快，羲之每天练完了字，就到后花园的池塘边清洗笔砚，天长日久，整池水都被墨汁染黑了，可见羲之练字是何等的勤奋刻苦啊！

一天清晨，羲之独自一人在山下散步。忽然，他看见一位年老体迈的老妇人拿着十几把纸扇在叫卖。

老妇人的每把纸扇只卖二十钱，可叫卖了好半天都无人问津，羲之见老妇人贫苦可怜，就借来笔墨，在每把扇子上都题了几个字。

老妇人哪里认识王羲之呀，见他在白白净净的纸扇上写了字，心中叫苦不迭。羲之见状笑道："您只要说这是王右军写的字，保你每把卖一百钱！"

老妇人接过纸扇，半信半疑地来到市场上，照着羲之的话叫卖了一番。人们听见了，马上争先恐后地掏钱购买，不一会工夫，十几把扇子就被抢购一空，老妇人这才欣慰地笑了。

【出处】　《书断·王羲之》。原文：王羲之书祝版，工人削之，笔入木三分。

【释义】　形容书法笔力强劲。后比喻看问题精辟、深刻。

相传王羲之曾经给朝廷写过祭祀天地神明、祈求国泰民安、五谷丰登的"祝版"。

晋成帝即位后，就命祝版工人更换祝版上的题辞。谁知工人们刻削了好半天，也没能把王羲之原来写的字迹刮掉。工人们拿起祝版仔细一看，都大吃一惊，连声赞叹。原来，王羲之写的每个字都入木三分，好像刀刻一般，哪里能轻易刮除得掉呢？

游刃有余

魏惠王听说宫中有位叫庖丁厨师，有一手杀牛剔骨的绝活。看他工作简直是艺术享受。惠王将信将疑，他决定亲眼去看看。

庖丁见惠王亲自来观看，显得更沉着，一招一式沉稳老到，分外熟练。

宰牛时，庖丁手脚并用，连膝盖和肩膀都参与工作，每个动作显得那么娴熟而干净利落。

只见他手起刀落，在筋骨相连的部位，庖丁将刀轻轻划过，立刻骨肉分离，全然不像大多数厨师那样费力。

惠王万万没想到，世间竟会有人将这样卑微的一件事做得如此出神入化，不禁赞叹不已。

惠王用敬佩的语气问："你的手艺太高超了，是怎么练出来的呢？"庖丁谦逊地回答："这不算什么。"

惠王却说："我很感兴趣，你不妨谈谈。"

庖丁说："以我目前的手艺。我完全可以不用眼睛看也能把这个活干好，因为我对牛的身体各部结构太熟了。"

【出处】　《庄子·养生主》

【释义】　比喻技术熟练，经验丰富，解决问题毫不费力。

惠王问:"你达到现在的水平用了几年工夫?"

庖丁说:"大约三年。我刚开始学艺时,觉得每头牛都是很完整的,三年以后,眼中已看不到完整的牛了,不过是由筋骨肉组成的框架,我将它拆散就是了。"

惠王又问:"你的刀是否比别人更锋利?"

庖丁说:"刀确实很锋利,但问题并不在此。其他厨师的刀也很锋利,但他们经常将刀刃碰到骨头上,因此,不得不更换新刀。即使很有经验的老厨工每年都必须更换新刀,而我这柄刀已用了十九年了,仍然像新磨的一样。骨肉相接处看起来很窄,像是插不进刀子,可我的刀刃更窄,插进骨缝,还绰绰有余(游刃有余)。只要看准缝隙下手,根本用不了多大力气就将骨头剔出来了。"

惠王听了很受启发。他由此联想到如果自己治国能如厨师剔骨一样,国家还能治理不好吗?

四面楚歌

公元前203年,西楚霸王项羽与汉王刘邦相约,以鸿沟为界,东属楚,西归汉,双方罢兵言和。第二年,刘邦趁项羽信守条约的机会,马上命韩信、彭越与他合兵一处,形成强大的兵力,以迅雷不及掩耳之势,向楚军发起进攻。刘邦的这一举动,使项羽猝不及防,率军匆忙应战。此时的楚军哪里是汉军的对手,楚军一战即败,被汉军追到垓下,韩信又设下十面埋伏之计,将楚军铁桶般地围住。当时,项羽帐下尚有数员大将和八千精锐兵士。他们个个骁勇善战,汉军一时难于将他们歼灭。

【出处】 《史记·项羽本纪》

【释义】 比喻四面受敌,孤立无援的处境。

相持数日,刘邦有些不耐烦,准备下令强攻。韩信劝阻说:"现在楚军已成瓮中之鳖,无路可逃。但他们的战斗力却不能轻视,如果我们一味硬攻会给我军造成无谓的伤亡,还很有可能给项羽制造突围的机会,我们不妨想出个计谋。"张良献计说:"我们可以让汉军大唱楚地民歌,引起楚兵的思乡之情,让他们丧失战斗力。"

这天夜里,一轮明月踱出薄薄的云层,在阵阵秋风中,残枝落叶簌簌作响,仿佛是无可奈何的叹息。张良走出军帐,吹起竹箫。箫声悠悠,像抒发异乡游子思念故土的情怀;又像少妇忧虑情人的缠绵哀伤;更像白发老母倚门悬望儿子平安归来的深情。汉军听到箫声,马上随着唱起了楚地的歌曲,那哀怨凄凉的曲调,低沉婉转的歌声是那样揪心。歌声、箫声阵阵传入楚军大营。

项羽在营帐中正为突围之事愁眉不展,身边爱妃陪他喝酒解闷。忽然听到四面传来的楚歌,不禁惊诧。他失神地说:"完了,难道刘邦已打下了西楚?怎么汉营里有那么多的楚人呢?"

项羽想起不堪回首的往事,忍不住悲歌唱起来:

力拔山兮气盖世,时不利兮骓不逝。
骓不逝兮可奈何,虞兮虞兮奈若何?

项羽一连唱了几遍,虞姬也跟着唱了起来,禁不住流下了眼泪。虞姬为了让项羽毫无牵挂的突围,毅然挥剑自刎了。

项羽突围至乌江,最后身边只剩下二十八名骑兵,他感到无脸面见江东父老,便拔剑自尽。秋风为之悲,江水为之泣。

多多益善

　　韩信是汉高祖刘邦的大将,和萧何、张良,并称为"汉兴三杰"。

　　可是刘邦对于韩信实际上并不信任;韩信对刘邦也颇有不满。刘邦做了皇帝以后,先把韩信的大将名义和兵权解除,改封为"楚王"。接着,又说韩信阴谋谋叛,准备逮捕他。

　　刘邦采用另一谋士陈平的计策,假称游览云梦(沼泽名,楚之名胜,在今湖北境内),并通知诸侯在陈地相会,想借此袭击韩信。韩信知道了,很是着急,既不敢见刘邦,又不敢公开反抗,不知如何是好。这时,项羽的旧部有一个名叫钟离昧的,住在韩信的家里。因为他和韩信是老朋友,刘邦却正要捉拿他。有人便向韩信建议:杀了钟离昧,带着他的头,去见刘邦,就可以没有事了。韩信为了自身的安全,果然牺牲了朋友。

　　可是,韩信一见刘邦,仍被立即逮捕,解进京去。刘邦也不游云梦了,就回洛阳了。到洛阳以后,宣布大赦,韩信被赦免罪,又改封而降为"淮阴侯"。

　　由于这段故事,后为比喻设计捉人,就叫"伪游云梦"。

　　《史记·淮阴侯传》载:有一次,刘邦曾问韩信:"依你看来,像我这样的人能带多少人马?"

　　【出处】《史记·淮阴侯列传》。原文:上问曰:"如我将几何?"信曰:"陛下不过能将十万。"上笑曰:"于君何如?"信曰:"臣多多而益善耳。"上笑曰:"多多益善,何为为我禽?"信曰:"陛下不能将兵,而善将将,此乃信之所以为陛下禽也。"

　　【释义】益:更加。善:美,好。原指带兵越多越能战争,即打胜仗。后泛指越多越好。

韩信答道:"陛下带十万人马还差不多。"刘邦问道那么你呢。韩信不客气地说:"臣多多而益善耳(我越多越好)!"刘邦于是笑道:"你既然如此善于带兵,怎么被我逮住了呢?"

韩信沉吟半晌才说:"您虽然带兵力不如我,可是您有管将的能力啊。"

由于这段故事,后来形容越多越好,就叫做"多多益善",也叫做"韩信将兵,多多益善"。有时只说"韩信将兵",人们也能理解它就是"多多益善"的意思。

鸟尽弓藏

春秋末期,吴、越争霸,越国被吴国打败,屈服求和。越王勾践卧薪尝胆,任用大夫文种、范蠡整顿国政,十年生聚,十年教训,使国家转弱为强,终于击败吴国,雪洗国耻。吴王夫差兵败而逃,连续七次向越国求和,文种、范蠡坚持不允。夫差无奈,把一封信系在箭上射入范蠡营中,信中写道:

"兔子捉光了,捉兔的猎狗没有用处,就被杀了煮肉吃;敌国灭掉了,为战胜敌人出谋献策的谋臣没有用处了,就被抛弃或铲除。两位大夫为什么不让吴国保存下去,替自己留点余地呢?"

文种、范蠡还是拒绝议和,夫差只好拔剑自刎。

越王勾践灭了吴国,在吴宫欢宴群臣时,发觉范蠡不知去向。第二天在太湖边找到了范蠡的外衣,大家以为范蠡投湖自杀了。可是过了不久,有人给文种送来一封信,上面写着:

【出处】 《史记·越王勾践世家》。

【释义】 飞鸟猎尽了,就把弓收起来。后来用作比喻事情成功之后,出过力的人就被抛弃了。

"飞鸟打尽，弹弓就被收藏起来；野兔捉光了，猎狗就被杀了煮来吃；敌国灭掉了，谋臣就被废弃或遭害。越王为人，只可和他共患难，不宜与他同安乐。大夫至今不离此而去，不久难免有杀身之祸。"

文种此时方知范蠡并未死去，而是隐居了起来。他虽然认为范蠡太小心多疑，但从此常告病不去上朝，日久引起勾践疑忌。一天勾践派人送给文种一把宝剑。

文种见剑鞘上有"属镂"二字，正是当年吴王夫差逼忠良伍子胥自杀的那把剑。他明白勾践的用意，长叹道："我悔不该不听范蠡的劝告啊！"于是刎剑自尽了。

有恃无恐

春秋时期，鲁国僖公在位时，齐国来犯。齐孝公亲自统率战车千辆，步兵十万，气势汹汹，浩浩荡荡直袭鲁国的北部。

面对齐国大军势不可挡的猛烈攻势，鲁国军队连微小抵抗的能力都没有，只好节节败退。一时间，求救文书如雪片般飞到鲁国的都城，堆积在鲁僖公的公案之上。

鲁僖公接到鲁国溃不成军的报告，急得如同热锅上的蚂蚁团团转，没有办法可施。于是，立即召集文武百官商议退兵之计。

有的大臣主张向晋国求救，有的则马上反对说："我们的使臣来不及赶到晋国，只怕我们鲁国早就被齐国的大军灭掉了。这个办法

【出处】《左传·僖公二十六年》。原文：室如悬磬，野无青草，何恃而不恐。

【释义】恃：仗恃，依靠。恐：害怕。因为有依靠而不害怕，没有顾忌。多含贬义。

不行,解不了燃眉之急。"

鲁僖公领着大臣们议来议去,始终也拿不出妥善的解决办法。这时,大夫展喜说:"我看还是派个能干的使臣去见齐孝公,说明道理,以我们的真情实感去感动他,或许能使他主动撤军。当然派去的使臣一定要带些礼物,不知大王意下如何?"

鲁僖公实在无计可施,便无可奈何地说:"现在看来也只有这条路可以试一试了。不过派谁去才能胜任呢?"

展喜看到众位大臣和鲁僖公的恳求的目光集中在自己身上,只得硬着头皮来对大家说:"如果大王和众位大臣相信我的话,那我愿意为鲁国去齐国走上一趟。"

鲁僖公听到展喜愿意去齐国,马上派他为使臣,并准备好贵重礼品,催他赶快上路。

展喜不敢怠慢,日夜兼程,见到了齐孝公。展喜献上礼物,然后非常恭敬地对齐孝王说:"鄙国君主不知大王亲自率领大军光临,深感不安,特命我带来酒肉慰劳远来的齐国三军将士,另外一点小礼品送给大王您,表示我国君主的敬意。"

齐孝公听完展喜的话,十分傲慢地说:"贵国君臣大概是让齐国的大军吓坏了吧!不然鲁僖公怎么这么快就派人来到我这里呢?"

展喜不慌不忙但又十分严肃地说:"鲁国君臣百姓都是仁人志士,从来不知道害怕是怎么回事,大王您看我们有什么可怕的呢?"

齐孝公很惊奇地问:"你们鲁国土地贫瘠,人口稀少,百姓又穷。说到军队,兵少将寡,兵刃不利,战车也少,你们凭什么不怕我(何所恃而无恐)?"

展喜说:"我们靠的是先辈们相互签订的盟约呀。周天子曾告诫诸侯,子子孙孙都要和睦相处,不许相互攻伐,残杀生灵。我们都知道,大王您的先人齐桓公当霸主时也正是因遵守盟约才赢得各国的尊敬。"

说罢,展喜仔细地看了看齐孝公,看到他好似在暗暗点头,便接着说:"大王您作为桓公的继承人,当然不会忘记先人的遗训,所以我

们毫不戒备,相信大王也不会攻打我们。"齐孝公听了自知理亏,只好答应撤兵。

大器晚成

东汉末年,有个名叫崔琰的人,从小就喜欢练武艺,剑法很好。他性格豪爽,特别喜欢交朋友。

可是,一些很有才华的人却不愿与他交往,认为他不学无术,除了舞刀弄棒,学问上一窍不通,一次,他去拜访一个很有学问的人,主人却不肯让他进门,让管家出来告诉他说:"主人正在潜心读书,无暇闲谈,壮士请改日再来。"崔琰知道人家是嫌他没知识,不愿见他,感到无比羞愧,暗自下了决心,一定要好好读书,成为一个能文能武的人。

从此,崔琰虚心拜师求学,闭门一心读书。由于他刻苦努力,学问逐渐增多起来。当时独霸北方的袁绍听说了他的事情,就把他招在自己身边,为自己出谋划策。

官渡之战,曹操利用计谋,以二万兵马打败袁绍十万精兵,从此袁绍一蹶不振,终于被曹操消灭。曹操久闻崔琰有才干,多次劝崔琰归顺自己。崔琰见曹操真诚待己,就同意了。

在曹营中,崔琰出了不少主意,很受曹操器重。有一次,曹操和他商量,想立小儿子曹植为太子。

崔琰说:"自古以来,都是立长子为太子。您立曹植,曹丕心里不服,大臣们也不服,这就种下了祸根。纵观古今,因为废长子立次子

【出处】《老子·四十一章》
【释义】大的或贵重的器物需要长时间的加工才能完成。后比喻能干大事的人才,成就较晚。

引起的骨肉相残还少吗?请主公三思而行!"其实曹植还是崔琰的侄女婿。尽管是亲属也不偏袒,曹操十分佩服崔琰的公正。

崔琰有个堂弟叫崔林。这崔林年轻时一事无成,亲友们都看不起他,可是崔琰却很器重他,常对人说:"才能大的人需要长时间才能成器(大器晚成),崔林将来一定会成器的。"后来,崔林果然当上了大官。

刚愎自用

春秋时期的郑国,经常受到晋、楚两国的欺凌。郑国为了生存,只得在南北两个大国之间采取骑墙的态度:哪国的势力一时处于优势,对它逼得紧迫,它便去侍奉这个国家;一旦形势逆转,它便转而靠拢另一个大国。

晋、楚两国出于争夺霸权的需要,都对郑国倾向于谁极为敏感。因此,在较长一段时间内,晋、楚、郑三国之间的关系,形成这样一个怪圈:晋、楚以中原地区的郑国作为争夺、宰割的对象;晋、楚势力的消长,决定着郑国对它们的态度变化——时而亲晋、时而亲楚;而郑国的态度,往往又导致晋、楚之间的直接对抗。

公元前597年,因为郑国与楚国结盟之后,又请求侍奉晋国,楚王亲率大军包围郑国达十七天。郑国都城的百姓以及守城将士号啕大哭,楚王暂时退兵,但不久便再次发起围攻,三个月后攻破郑国。

郑襄公以表示愿意降服为臣仆的礼仪——脱衣露体,手里牵着一只羊迎接楚庄王进城,可怜巴巴地哀求给郑国一条出路。楚王同

【出处】 《吕氏春秋·诬徒》

【释义】 刚愎:坚硬固执。自用:凭主观意图行事。指为人固执任性,自以为是,独断专行。

意不灭绝他们,退兵三十里,与郑国媾和。郑国派公子去疾到楚国作为人质。

晋国不甘坐视楚国围攻郑国,便派荀林父、先縠同大批将领领兵前去援救郑国。军队到达黄河岸边,听说郑国已跟楚国媾和,于是在是否再跟楚国打一仗这个问题上,晋国将领们的意见产生了很大的分歧。

中军统帅荀林父主张撤兵回国,上军主帅士会极力赞同。中军副帅先縠却从晋国不能丢掉霸主地位,以及统帅就应该是敢于迎战敌人的大丈夫等观点出发,坚决主战。而且,他不顾一切,独自带领中军副帅所属的那部分军队渡过了黄河。

中军统帅荀林父对此感到十分不安。他预料这次晋国一定要失败,而先縠将成为罪魁祸首。

司马韩厥则劝荀林父道:

“先縠带去的这些军队如果吃了败仗,您就不能逃脱罪责。您是最高统帅,军队不听从命令,擅自行动,这是谁的罪?失去了郑国,丧失了军队,您的罪可够大的了。与其这样,不如干脆进军。即使打了败仗,我们共同承担罪责,比起现在这样只能由你一人担当,不是更好一些吗?”

于是,晋军全部渡过了黄河。

楚国内部这时意见也不一致。楚王打算撤兵回国,他的宠臣伍参却想要作战,他对楚王说:

“晋国目前管事的都是一些新手,没有权威去行使命令。晋国统帅的副手先縠这个人,刚愎不仁,不肯服从命令。他们的三个主帅,想自己说了算吧,可又都办不到;想服从命令吧,可又没有能统一指挥的上级。军队听谁的命令?这次晋国一定失败。而且您以国君的身份而逃避晋国臣下带领的军队,楚国岂能忍受这样的耻辱?”

楚王听罢,觉得伍参说得倒也有理,于是,便率军北上,决心与晋军决一胜负。

这次战争,结果以楚国的胜利而告终。

嗟来之食

战国时期,各诸侯国之间争夺霸权,连年战乱不休,老百姓苦不堪言。广大的土地成了战场,田野荒芜,鸟雀惊飞,成群结队的难民流浪四方。如遇荒年,更是雪上加霜,一片凄凉。

有一年,齐国发生了大饥荒,树皮草根都被逃难的人群吃光了,成千上万的人饿得奄奄一息,倒毙路旁。有一个贵族名叫黔敖,家里屯集了许多粮食,忽然善心大发,烧了一锅稀饭,做了一些食品,摆放在路旁,等待着救济灾民。

他一看见有灾民走来,就立刻敲着锅,扬起饭勺,大声吆喝,呼唤灾民来吃。灾民们看他财大气粗、耀武扬威的模样,都非常气愤,但是饥饿难忍,只好忍气吞声,前去领取一勺稀饭的赏赐,在屈辱之中很快地喝光了。

黔敖更加傲慢,洋洋得意,用饭勺搅拌着锅里的稀饭,仿佛在给牲畜喂食,嘴里不时发出"嗟嗟咄咄"的声音。

这天走来一个汉子,饿得连路也走不动,也许是很久没有吃东西了,身体非常虚弱。

只见他拄着一根棍子,用破袖子遮住脸,看也不看黔敖一下,摇摇晃晃地迈着步子,从他面前走过去。黔敖早已准备施舍他一勺稀饭,这时觉得非常奇怪,连忙重重地敲了一下铁锅,对那个人大喊一声:"喂,来吃吧!"

【出处】 《礼记·檀弓下》

【释义】 嗟:感叹词。这里指不礼貌的招呼声,如同"喂"。来:语助词,无义。食:食物。原指因怜悯人饥饿,而不客气地呼人来吃的食物。后多用来指污辱性的施舍。

那个饥民听到喊声,慢慢转过身,瞪大了眼睛,对黔敖说:"你喊什么!我才不稀罕你的施舍呢!我就是因为不吃嗟来之食,才饿成这个样子的!"

真是个有自尊心的倔强汉子,在屈辱面前宁可饿死也要维护自己的尊严人格。由于黔敖太没有礼貌,不尊重别人,所以这个饥民始终拒绝他的施舍,最后终于饿死在路上。

运筹帷幄

公元前 202 年,刘邦正式当上皇帝,称汉高祖。汉高祖举办了一次盛大的庆功宴会,席间他对大臣们说:"我们今天欢聚一堂,说话不要顾忌。你们说说,我是怎样得天下的?项羽又是怎样失天下的?"

大臣王陵等说:"皇上对将士有封有赏,所以大家肯为皇上效力;项羽嫉妒贤能,打了胜仗,忘了人家的功劳,所以失去了天下。"

汉高祖笑了笑,说:"你们只知其一,不知其二。要知道,是成功还是失败,全在用人的得当与否。运筹帷幄之中,决胜于千里之外,我不如张良;镇守国家,安抚百姓,供应军饷,不绝粮道,我不如萧何;统领百万大军,无战不胜,无城不克,我不如韩信。这三个人,都是当代的人杰,我能用他们之所长,正是我取得天下的根本原因。项羽连一个范增都不能用,还谈什么拥有天下呢?"

【出处】 《汉书·高帝纪下》
【释义】 指在帐幕中谋划计策。后指在后方指挥、筹划。

东窗事发

北宋时期，宋王朝渐渐衰落。北方的金兀术趁机向中原大举进攻，侵占了宋朝不少地盘。在这民族危难的时刻，岳飞率领岳家军对金兵进行了顽强的抵抗。

岳飞英勇善战，打了好几个胜仗，有一次差点活捉金兀术。可是秦桧却不同意抵抗金兵，而主张议和。他抓住宋高宗懦弱胆小、优柔寡断的弱点，竭力宣扬议和的好处。宋高宗同意了，可是许多大臣和将领都不同意，岳飞就多次上书，要求罢和议抗金兵。秦桧要想议和，就要把岳飞除掉。

可是岳飞在老百姓中威望很高，手中又有兵权，怎样才能把他除掉呢？

这天，秦桧坐在东窗下，正为无法除掉岳飞发愁。夫人王氏走进来，对他说："这有何难，你找几个罪名安在岳飞头上不就行了。"秦桧说："罪名不难找，难找的是告发岳飞的人，这个人一定要是岳飞的部下才能使天下信服。"

王氏想了想，说："我听说岳飞手下的都统制王贵，在一次战斗中胆小怕死，岳飞要将他斩首示众，后经众将求情岳飞才免他一死。他肯定怀恨在心，你何不让他告发呢？"

秦桧一听，不禁大喜，称赞道："还是夫人高见。"两人又将陷害岳飞的各个细节密谋一番。

秦桧派人找到王贵，要他诬告岳飞"谋反"。王贵不愿意。秦桧一伙就严刑拷打他，并以杀他全家相威胁，王贵只好屈从了。

【出处】 元·刘一清《钱塘遗事》

【释义】 指阴谋败露或秘密被发觉。

秦桧终于把岳飞杀了。

后来，秦桧也病死了。他死后七日，王氏请来道士为他做道场，超度他的亡灵。

道士恨秦桧杀死了忠良，就装模作样做了一会法事，然后对王氏说：他看见秦桧，正在地狱里受苦，阎王小鬼正在拷问他。道士说："秦大人对我说，'麻烦你告诉我的夫人，东窗事发了。'"

望洋兴叹

庄子是先秦时期的人，很有学问，想像力特别丰富。有一次，他讲了一个河伯的故事。

河伯，也就是传说中掌管黄河的神，他以为自己的力量是天下最了不起的。难道这世界上还有什么东西，能比黄河更汹涌澎湃？更波澜壮阔？更气势宏伟？河伯兴高采烈地顺着黄河的水流，浩浩荡荡向东奔去，一直奔到了大海的身边。他放眼向大海望去，不觉吓得舌头直缩：只见水连天，天连水，茫茫一片，碧海滔天，根本就望不到大海的尽头。

河伯感到惭愧万分，抬起头来，仰望着大海上空灿烂的太阳，望洋兴叹道："常言说，'一桶水不响，半桶水晃丁当'。我从未见过大海，原以为自己很了不起，如今到了大海身边，才知道大海如此

【出处】　《庄子·秋水》。原文：于是焉河伯始旋其面目，望洋向若（海神）而叹曰："野语有之曰：'闻道百以为莫己若者，我之谓也。'"

【释义】　望洋：犹"眑洋"。仰视的样子。指在伟大的事物面前感叹自己的渺小。也比喻做事时因力不胜任或没有条件而感到无可奈何。

洪波万里,浩瀚无穷。我真是孤陋寡闻呀,差点闹了个大笑话。"

海神听到了,便浮出海面,对河伯鞠了一躬,讲出一番既浅显又深刻的道理来:"河伯先生,如果您去对井里的青蛙说,大海无风也会掀起三尺大浪,它是不会相信您的,这是因为它常年居住在井中的缘故;如果您去对夏日里啁啾的虫子说,冬天里的水会结成坚硬的冰,它也是不会相信的,这是因为它活不到冬天便死了的缘故;如果去对偏执的人讲那些新鲜的道理,他们也不会相信您的,因为他们已经被教条与成见束缚住了。您走出了河岸,来到了我的面前,才知道我的无穷无尽,可是宇宙中还有比我更无穷无尽的东西哩!"

河伯久久不语,他仿佛一下子懂得很多很多。

和璧隋珠

卞和是春秋时期楚国人。一次很偶然的机会,他于深山中发现了一块未经雕琢的璞玉。

凭着自己的经验和直觉,卞和断定这块玉是千载难寻的奇珍异宝。在卞和看来,这样的玉石只有帝王才能拥有。于是卞和兴冲冲地将它献给楚厉王。

楚厉王将卞和献给他的"石头"拿在手中反复观看,始终没有看出与其他石头有什么不同。出于慎重,他又命人找来玉工对那块石头进行鉴定。可是玉工的鉴定结果与厉王的直观感觉相差无几。玉

【出处】《淮南子·览冥训》。原文:譬如隋侯之珠,和氏之璧,得之者富,失之者贫。

【释义】 和:指战国时楚人卞和。璧:古玉器名。隋:周代姬姓诸侯。 比喻极名贵的珠宝。

工对楚厉王说："殿下，这只是块非常普通的石头，根本不是什么宝玉。这个献宝的人是在欺骗大王。"

楚厉王听了玉工的话，非常愤怒，命令手下人说："这狗胆包天的骗子！居然骗到寡人的头上！来人啊！砍去卞和的左脚！看谁以后再敢到王宫行骗！"

卞和献宝不成，反被楚厉王砍去了左脚。他委屈地回到家中，家人见为献宝被搞到如此地步，便劝他以后再也不要做这样的傻事了。

几年之后，楚厉王死去了，武王即位。卞和不想让宝物流落在民间，他暗想："武王或者要比厉王有些见识。不可能每个国君都不认识这个宝物。"

于是卞和又满怀希望地去宫中献宝。

楚武王知道卞和因献宝已受过惩罚，心想："也许他的宝物是罕见的，否则绝不会冒险欺骗。"

楚武王命人找来从事玉雕的匠人，命令他们仔细验看。可惜这些玉工的鉴别能力不比上次的玉工高明，他们看过之后对楚武王说："以小人之见，这不是什么宝物，连普通玉都不是，是石头！"

楚武王的为人一点不比楚厉王强，他也十分残暴，马上下令砍去了卞和的右脚。

楚武王在位不久便死去了，楚文王即位。卞和想到宝玉被埋没，感到万分伤心。郁闷的心情实在无处排遣，就一个人爬到荆山上痛哭起来。他越哭越伤心，真是哭了个昏天黑地，云愁雾锁。

这件事传到了楚文王的耳朵里。他命人将卞和带到宫中，重新请高明的匠人来对卞和的这块宝物进行鉴定。

匠人拿过卞和递给他的那块石头，觉得分量很重，立即断定这绝非一块石头。匠人对楚文王说："大王，只要我将它凿开，是宝是石便见分晓。"

匠人有斧凿小心翼翼地将石头的外层铲去，一块从未见过的晶莹夺目、光华四射的宝玉展现在人们的眼前。

楚文王大喜过望，从此将卞和养在宫中，并以他的名字命名这块宝玉,称之为"和氏璧"。

隋珠是因隋侯得名的。传说隋侯救了一条大蛇。大蛇得救之后为了报答他的救命之恩,便将自己腹中的一颗宝珠送给了隋侯。

这颗宝珠洁白透明,圆润体大,置于暗室,熠熠生辉,是与和氏璧一样千载难得的奇宝。后来,人们将这两件宝物合称为"和璧隋珠"。

暗渡陈仓

为了施展自己的抱负,韩信投到楚霸王项羽的帐下,做了一名下级军官,当时叫执戟郎。

自己满腹韬略,却只能如此屈就,韩信心中很是不平。不久,他遇到刘邦手下的谋士张良。

张良通过交谈,知道韩信非一般人物,十分器重他的军事才能,便写了一封推荐信,让韩信带上去见刘邦。在信中,张良劝刘邦拜韩信为大将,这样一统天下便有望了。

汉王刘邦命人搭起十丈高的将台,任命韩信为破楚大将军。拜将已毕,韩信立即命令樊哙率领三千步兵修复四川通向内地的栈道。

此时,楚霸王项羽派到关中监视汉王刘邦的守将司马欣等,听说新被刘邦拜将的韩信只派了三千人去修复栈道,认为那简直如同儿戏一般,暗笑韩信也不过如此,丝毫没有将这事放在心上。

在司马欣他们看来,三千人要想把烧毁的栈道修复,没有三五年的时间,根本是不可能的,于是放松了防守。

【出处】 《史记·高祖本纪》

【释义】 指正面迷惑敌人,偷偷从侧面迂回袭击。

楚霸王手下的人哪里会想到,韩信派人去修栈道,只不过是虚晃一枪,用意是麻痹他们。此时,他已暗中集结重兵直取四川通往陕西的门户陈仓郡。

韩信这条"明修栈道,暗渡陈仓"的计策可真是绝妙,它不仅没被楚霸王项羽识破,就连汉王刘邦也被蒙在了鼓里。

韩信深知兵贵神速的道理。他完成了军事部署,立即下令将樊哙调回,任命他为先锋官,直取陈仓,为汉王进攻中原打开通道。

韩信率领大军,一鼓作气拿下陈仓。接着长驱直入,迅速攻下长安附近的军事重镇,从而揭开了楚汉大战的序幕。

至此,楚霸王项羽才意识到形势的严峻,但为时已晚。汉王刘邦和樊哙直到此时才对韩信的用兵有了正确的认识,他们终于承认萧何慧眼识英雄。

黄粱一梦

唐朝开元年间,卢生去京城赶考,傍晚来到一家旅店投宿。店主人正在煮黄米饭,店中还住着道士吕翁。卢生上前与吕翁攀谈,两人谈得很投机。卢生慷慨激昂地说:"大丈夫应当出将入相,我却一事无成!"

吕翁笑着说:"这个不难。"说着,他取出一个枕头。吕翁对卢生说:"你枕着这个枕头睡一觉,就会称心如意。"卢生将信将疑,接过枕头,和衣睡下,很快便进入梦乡。

他梦见自己中了进士,还娶了美丽的崔家小姐为妻。后来,他当

【出处】　唐·沈既济《枕中记》
【释义】　比喻虚幻的梦境和不可实现的欲望。

上河西节度使，击败吐蕃，得胜而归，成了宰相。不料奸臣告他谋反，皇帝下令逮捕他，把他流放到远方。

几年后，皇帝为他平了反，让他官复原职，还赐给他许多珍宝。卢生活到八十多岁，子孙满堂，享尽荣华富贵。

卢生一觉醒来，发现自己还睡在旅店里，旁边坐着吕翁。再看看灶台，店主人煮的黄米饭还没熟呢！

前车之鉴

贾谊是西汉初年杰出的政治评论家和文学家，他是洛阳人，生于公元前 200 年，卒于公元前 168 年。他短短的一生只有三十二年。但就是在这短短的三十二年中，他却为后人留下了宝贵的文学遗产。

贾谊年仅十八岁时就以出色的文章博得洛阳文人学士的赞颂，人们都认为他是奇才。

廷尉吴公对汉文帝推荐贾谊说："洛阳有个读书人，名叫贾谊。他虽然年龄不大，但学识渊博，见解不凡，应该让他到朝中来做官，施展他的政治才能，为国家和百姓作贡献。"

汉文帝听了吴公的介绍，便说："那好吧！先让他当个博士，以备顾问。果然可用，到那时提拔起来也不晚。"

不久，贾谊便奉命来到京城长安，成为满朝文武中最年轻而且也是最有学问和见识的官员。汉文帝对贾谊的才干非常赏识，不久便提升他为太中大夫，参与朝政。贾谊在朝中为官勤勤恳恳，再加上

【出处】　《汉书·贾谊传》
【释义】　鉴：做戒或教训。前面的车子翻了，后面的可引以为戒。后用"前车之鉴"比喻前人的失败作为鉴戒。

学识渊博,也为朝中文武所称赞。

汉文帝对贾谊的信任,很快遭到西汉开国武将和朝中一些大臣的忌妒,为此,贾谊被贬为长沙王太傅,后又任梁怀王太傅。

在任梁怀王太傅期间,他志向不得实现,才华不得施展,于是便著书为文,将自己的才华表现在文章中。这时期他写下了又一篇传诵百代的政论文《治安策》。

在这篇文章中,贾谊再次分析了秦王朝由兴而衰的惨痛教训,他写道:

"秦始皇在沙丘病死,奸臣赵高用阴谋手段拥立胡亥为皇帝。赵高愚弄胡亥,不让他学习如何处理朝政,却偏偏教他怎样用残酷的手段去处理犯人。结果,做了皇帝的胡亥,除了杀人之外,别的事情全都一窍不通。

"有人劝胡亥将心思用到治理天下上面去,他却认为那是荒诞奇怪的胡言乱语。这并不是说胡亥生下来就是恶人,而是被他周围的赵高等人影响坏了。俗话说:'不熟悉做官的人,只要看他办事怎样就可以了解他的人品。'秦朝的失败应引起我们足够的警惕(前车之鉴,足警后世)。否则,我们也会重犯秦朝的错误,那可太危险了。"

汉文帝看了贾谊的这篇《治安策》,对贾谊有了新的看法。在可能的范围内,汉文帝有选择地将贾谊某些具体主张变成了自己的措施和策略。

安居乐业

老子是春秋时期的思想家,道家学派的创始人。他姓李,名耳,字伯阳,楚国苦县厉乡曲仁里(今河南省境内)人。

据说老子做过周朝管理藏书的史官,孔子曾经向他求教过关于礼这方面的知识。后来,老子退隐,著有《老子》一书,是道家的主要经典之作。

《老子》书中的第八十章,集中描绘了"小国寡民"这种理想社会的情景。它反映了古代中国小自耕农基于对现实社会的不满而产生的许多空想。

他们在现实生活中,深受压迫、剥削和战争之苦,因而那没有压迫和剥削,没有相互残杀掠夺的战争的原始公社,便成了他们理想中的乐土。

在那里,不要文化和物质文明,大家吃饱了肚子,过着悠闲安乐的日子,人与人之间,甚至老死不相往来。

这种主张是远离实际的,更不符合社会历史发展的规律和方向。所以,只是一种永远不可能实现的幻想。但同时,它反映了人们对统治阶级的不满和要求过着安定快乐生活的愿望。"安居乐业"这句成语,就是从《老子》第八十章的几句话里提炼出来的。

它这样写道:"小国寡民。使有什伯之器而不用;使民重死而不远徙;虽有舟舆,无所乘之;虽有甲兵,无所陈之。使人复结绳而用之。甘其食,美其服,安其居,乐其俗,邻国相望,鸡犬之声相闻,民至

【出处】 《后汉书·仲长统传》

【释义】 安定地居住着,愉快地从事其职业。形容人民生活安乐幸福。

老死,不相往来。"

它的大意是说:国家小,人民少。虽然有各种器具,也不使用;使人民看重生命,不迁移到远处去;即使有船和车,也无必要去乘坐它;虽有武器,也无处摆放它。使人民恢复结绳以记事。大家吃得香,穿得美,住得安适,过得快活,邻国互相望见,鸡鸣狗叫声互相听得到,但人民直到老死,都不相往来。

八面威风

元朝的统治是十分残暴的,统治者将百姓分成四等,即蒙古人、色目人、汉人和南人。特别是到元朝末年,元顺帝在位期间,统治更是空前残酷,政治极端腐败。

蒙古统治者飞扬跋扈,抢男霸女,草菅人命,他们任意妄为,根本不把百姓放在眼里,尤其是汉人和南人,简直牛马不如,任由他们宰割。

百姓求生无路,纷纷铤而走险,扯起造反的大旗,反抗元朝统治者的暴政。急风骤雨般的起义风暴,使元朝的反动统治很快地土崩瓦解了。

在起义军中势力较强的朱元璋,于公元 1356 年攻克集庆(现在的南京),自号吴国公。

自己取得了一定的胜利,占领了相当多的地方,下一步棋该如何去走,如何走才能奠定自己将来的霸业,朱元璋无时无刻不在思考这些问题。这时,有人向他推荐士人朱升,要朱元璋不妨向朱升求

【出处】 元·无名氏《马陵道》。原文:可不道大将军八面威风。

【释义】 威风:威严,使人震惊的气势。各方面都很威风。形容声势逼人、气派十足的样子。也作"威风八面"。

教。

于是，朱升告诉朱元璋一条成功的诀窍，他对朱元璋说："高筑墙，广积粮，缓称王，定能成就一番大事业。"

听了朱升的妙计，朱元璋立即囤积粮草，训练兵马，准备扫荡群雄，一统华夏。

张士诚和陈友谅看到朱元璋羽翼渐丰，兵精粮足，成为他们最大的威胁，便共同联手准备一举灭掉朱元璋。朱元璋怎容他们得手。他命令手下大将华云，冒充张士诚的儿子到陈友谅军中商议军计，被陈友谅的大将张定边识破。张定边几次向陈友谅提出忠告。陈友谅不但没有采纳张定边的建议，反而一怒之下夺了张定边的军权。陈友谅决心与朱元璋为敌到底，一场恶战将在鄱阳湖上展开。

鄱阳湖一战，陈友谅的数十万大军被朱元璋烧得所剩无几。混战中，陈友谅中箭身亡。看到大势已去，陈友谅的儿子率领残兵败将乖乖地归顺了朱元璋。

朱元璋大获全胜，在九江口张灯结彩，犒劳三军。将士们大碗喝酒，大块吃肉，三军气势酣畅淋漓。

为了不让将士们在酒宴上过于拘谨，朱元璋便与大将徐达走出大帐。他们换上便装，边走边聊。此时，月上柳梢，清风送爽，二人精神为之一振，于是朱元璋提议过江一游。

江边只有一只小船，划船的是一对夫妇，徐达走上前去，客气地请二位老人把他们送过江去。老夫妇相视一笑，欣然请朱元璋和徐达上船。船行至江心，老人突然放开嗓子喊起船工号子，他唱道："圣天子身后，盘云龙护驾；大将军马前，有八面威风。"

二人听了，会心一笑。后来朱元璋定都南京，做了大明朝的开国皇帝，寻找到当年那对老夫妇，给予封赏，并将那条渡船涂成红色，作为纪念。

逼上梁山

北宋人林冲,是北京八十万禁军的枪棒教头。他武艺高强,为人正直,从不招惹是非。

一天,林冲带着妻子去岳庙进香。中途,遇见花和尚鲁智深在耍一把六十多斤重的浑铁禅杖。众人齐声叫好,林冲也被吸引过去观看。两个好汉一见如故,结义为兄弟。正在这时,侍女慌忙跑来报信说,林娘子在路上被歹徒拦截了。林冲急忙与鲁智深告辞,去岳庙追赶歹徒。当林冲抓住歹徒举拳要打时,发现原来是他的顶头上司太尉高俅的义子高衙内。高衙内一伙一看那女子是林教头的妻子,害怕打起来不是对手,便假惺惺地劝解:"衙内不知道,多有冲撞。"说罢,将高衙内拥走。这时,鲁智深也急忙赶到,听明情况,便要去追打高衙内,被林冲劝阻。他深知高衙内的厉害,强忍下了这口恶气。

高衙内逃走后将林冲骗进高府,诬陷林冲持刀闯进白虎节堂,投入大狱严刑拷打。高俅一伙不便在京公开杀害林冲,于是将林冲发配沧州充军,买通差人,阴谋在路经野猪林时将他杀害。鲁智深暗中保护林冲,大闹野猪林,高的阴谋未能得逞。

到沧州后,林冲被分配看管大军草料场。高俅父子贼心不死,又派心腹之人前往沧州,放火烧毁草料场。这样即使林冲不被烧死,也会因草料场失火被处死。当草料场起火燃烧时,林冲听到了高的心

【出处】《水浒传》。叙述宋江、林冲等人为官府所逼迫,投奔梁山造反的故事。

【释义】逼:逼迫。梁山:在今山东省平湖西,梁山县南,附近地区为古梁山泊。后来比喻被迫从事某种事情,或进行反抗。

腹们得意地谈论暗害他的计谋。这时,他再也按捺不住心头的怒火,冲上去将仇人一个个杀掉。就这样,林冲终于被逼上了梁山,毅然参加了农民起义军的队伍。

车水马龙

汉章帝在位时,对母亲非常孝顺,而且还常常向马太后请示朝政大计。马太后每次都能为章帝提出公正可行的处理办法,但从来不为她自己家的兄弟亲戚求官请赏,做半点儿不合法纪的事情。由于这种种原因,汉章帝对太后更加敬重。

按照当时的惯例,应该给太后的亲人加官晋爵,汉章帝几次提出来要这样做,都被太后拒绝了。不久,中原一带久旱不雨,有的大臣对这种天气情况进行分析后说:"看来这气候是由于没有加封外戚(皇太后的亲戚)的缘故。"

汉章帝听了大臣的话认为有一定的道理,便来到后宫向马太后请示,他对母亲说:"大臣们都建议加封母后的亲戚,现在请太后明示,都该封哪些人、封什么爵位比较合适?"

马太后听完汉章帝的话,问他:"皇帝,你为什么又提起封外戚的事情?"

汉章帝说:"现在中原一带大旱,说是与不封外戚有关!"

马太后说:"不要轻信那些话,皇帝,你要是征求我的意见,我认为一个不封为好。"

【出处】《后汉书·明德马皇后纪》。原文:前过濯龙门上,见外家问起居者,车如流水,马如游龙。

【释义】 车络绎不绝,有如流水;马首尾相连,好似游龙。形容车马来来往往的热闹景象。也作"马龙车水"。

马太后看看汉章帝,语重心长地说:"先帝在位时一再强调,不能让外戚职位太高,权力过大。前朝王皇后一下封她家五人为侯爵,结果导致黄雾弥漫,五天不散,还有窦太后的兄弟、侄子都官高爵显,但他们有恃无恐,不思报效国家,反而不遵法纪,败坏朝纲,为文武百官所切齿。

这事情都发生不久,应该引以为戒。至于我家的亲戚更不用加封了,他们的生活已经十分富裕。几天前,我从家门前经过,车如流水一般地一辆接一辆,就连马都是那么矫健,神态都如神龙般神骏(车如流水马如龙),看门人的衣着华丽,比给我这位太后驾车的人穿得还好。他们只知道享受,怎么能再给他们封官呢?"汉章帝听了母亲的话,取消了自己的打算。深明大义的马太后足以垂名后世,令人景仰。

杯弓蛇影

东汉时,有个叫应郴的人,曾经在汲县(今河南省汲县)当县令。这一年的夏至,应郴请县里的主簿杜宣到家里做客。他在客厅摆了一桌丰盛的宴席,请杜宣饮酒。

当时,客厅的北墙上挂着一张红色的弓,弓的影子映在酒杯里,形状就好像一条游动的蛇。杜宣看见了,感到十分厌恶,但又不敢不喝。勉强喝下去后,回到家就得了胸腹疼痛的病,吃不下饭,睡不好觉,因而身体渐渐地消瘦了。

家里人很着急,请了许多有名的医生,采用各种方法治疗,也不见好转。后来,应郴知道杜宣病了,就去看望他。应郴察看了杜宣的

【出处】 《风俗通·怪神》
【释义】 形容疑神疑鬼,自相惊扰。

病情,问起他患病的原因,杜宣这才吞吞吐吐地说:"酒杯里的蛇进了我的肚里。"

应郴回到自己家里,站在客厅里想了半天,猛然回头看见墙上挂着弓,心想:酒杯里怎么会有蛇呢?一定是这东西引起的。

于是,应郴就派县里的差役,用手推车把杜宣请来,还在上次请他饮酒的地方准备了酒,酒杯中果然又出现了蛇。应郴告诉杜宣说:"这是挂在墙上的弓的影子。"

杜宣知道酒杯中的弓影,就没有心理负担了,一高兴,病也渐渐地痊愈了。

不拘小节

虞延,字子大,陈留(今河南开封东南)人。他身材非常魁梧,力大无比,能将千斤鼎扛在肩上奔走如飞,邻居们把他看成天神下界。虞延刚刚迈入社会时,任户牖亭长。

虞延日夜巡逻,维护百里方圆的治安,百姓得以安居。刘秀称帝时,虞延任细阳县(今安徽阜阳)县令。

后来虞延辞职回到家乡。当地的太守宗富对虞延的贤名早有耳闻,请虞延出任功曹(郡中总务长,可参与郡中一切政务)。

宗富生活奢侈,服装车马常常超过法定的标准。虞延认为这样迟早会触犯刑律,便劝谏说:

"晏婴当齐国宰相时,连一件像样的皮大衣都没有;季文子为鲁国宰相时,他的妻子从不穿丝织品。从古至今,生活俭朴的人很少犯

【出处】 《后汉书·虞延传》。原文:性敦朴,不拘小节。

【释义】 拘:有所顾忌。小节:无关大体的细小行为。不拘泥于生活小事。

生活错误,请您留意。"

宗富听了虞延的劝言不但不悔悟,还很不高兴,照样我行我素。虞延见宗富执迷不悟,料到他早晚会出事,便立即辞职回乡。

汉光武帝刘秀是很节俭的皇帝,他最痛恨官员的奢侈腐化。不久,宗富被大臣们参了一本,皇帝下令处以死刑。临刑前,宗富想起了过去虞延的好言相劝,追悔莫及地叹息道:"真后悔当初没有听虞功曹的话,不然何至有今天的杀身之祸!"

有人将宗富的这些话向刘秀作了汇报,刘秀便对虞延产生了深刻的印象。

汉建武二十年(公元44年)刘秀东巡路过昭陵,召见虞延。当时虞延任督邮(此职每郡设一至五人不等,职权是代表太守巡察属县,宣达政令,兼管捕盗及诉讼)。刘秀见虞延进退从容,仪表堂堂,又彬彬有礼。尤其当问及祭祀的事情及昭陵的树木品种和数量时,虞延均对答如流,如数家珍。刘秀非常满意。

可是当刘秀的车驾进封丘门的时候,因城门狭窄,仪仗不能通过,一时路塞。刘秀大怒,命令痛打侍御史一百鞭子。虞延即向前跪倒请罪说:"城门狭窄是地方官的责任,侍御史没有责任,受过的应该是我。"

刘秀听了有理,便赦免了侍御史。虞延如此深明大义,在百官中传为美谈。虞延虽然在原则问题上十分精明,但在小事上却从不留心,所以史传上说他:"性敦朴,不拘小节,又无乡曲之誉。"

大公无私

祁黄羊是春秋时晋国的大夫。他是晋平公手下非常得力的谋臣,晋国重大事务,如官吏任免、赋税征收、出兵征战,晋平公都要和他反复商议后才能最后决定。

晋平公与祁黄羊虽是君臣,但由于相互尊重,关系非常融洽。一次,晋平公对祁黄羊说:"南阳县是个十分重要的县,对于我们晋国有着特殊的作用,现在那里缺一位县令,你看派谁去既能把那里治理好,又不会引得想去的人说三道四?"祁黄羊说:"解狐有胆有识,行动敏捷,通达政务,我看他是最合适的人选。"

晋平公听了祁黄羊的话,愣愣地看了祁黄羊好一会儿,心里怎么也想不明白,祁黄羊怎么会推荐解狐去南阳做官,于是他十分好奇地问祁黄羊:"祁黄羊,你对解狐一向没有好感,平时甚至很少往来,现在你怎么会推荐他去南阳那样重要的地方去做县令呢?"

祁黄羊说:"大王,我十分清楚你问我的事情。你是问我谁做南阳县令最合适,而没有问我对谁的印象优劣?"

晋平公点头称许。于是,他下令命解狐到南阳去做县令。解狐到了南阳,首先下令废除许多不合理的法规,公平处理诉讼。紧接着,他大兴水利,按时节督促百姓养蚕种田,动员人们广开荒地。使得南阳更加富庶繁荣。

南阳县的百姓们对解狐爱戴有加。特别是南阳为国家交纳的赋税年年增长,晋平公对解狐的政绩非常满意,更满意祁黄羊举荐人才得当。

【出处】 清·龚自珍《论私》
【释义】 秉公执正,不徇私情。

当时晋国的法律很不健全，许多地方官无法可依，便滥用职权贪污腐化，甚至草菅人命。一些豪富之人则恣意妄为，欺压善良民众。

为此，经常有成群结队的人到京城告状，为了解决这些问题，朝廷急需一名法官来处理这些事情。晋平公急召祁黄羊征询他的意见。晋平公对祁黄羊说："现在朝中缺一名法官，你看谁担任比较合适？"

祁黄羊说："祁午当法官最为合适。他清正廉洁，不徇私情，执法非常严明。"

晋平公惊讶地说："祁午不是你儿子吗？你推荐他做法官，难道不怕引起别人的非议吗？"

祁黄羊坦荡地说："大王问我谁当法官合适，我考虑的也只是谁能提当起法官这个职务，而根本没有去想被推荐人与我的关系。祁午是我的儿子，我知道他会成为一名称职的法官，所以我才推荐了他。"

晋平公听取了祁黄羊的建议，任命祁午做了法官。但他总是有些放心不下，便不时派人去了解祁午在任的情况。

派去的人回来向晋平公报告说："做了法官的祁午，恪尽职守，办事公正，受到大家的一致好评。"

从此，晋平公对祁黄羊更加信任。这件事不久传到了圣人孔子的耳中，他对人们说："祁黄羊真是大公无私呀，荐举人才不回避仇人，也不回避亲人。"

鸡犬升天

刘安是思想家、文学家。他博览群书,勤于思考,文思敏捷,下笔千言,顷刻而就。

晋朝葛洪所著《神仙传》中记叙了刘安成仙得道的故事。

传说中,道家会炼制一种丹药,凡人服食以后能立即白日飞升,成为神仙与天地同存。

刘安的道家思想有极高的造诣,但他不了解炼仙丹的处方和加工过程。于是他离开王府,到处寻找名师。

后来,他遇到了神仙。神仙为了考验他的道心是否专一,命他看守丹炉。要求七七四十九天不能睡觉,不论发生任何事情都不许离开丹炉。

神仙说完,化道清风而去。

刘安苦苦煎熬,经过四十八天,只要再坚持一夜,即可大功告成。夜里,一阵劲风吹过,室内突然出现几只猛虎张牙舞爪,咆哮着向他扑来。

刘安毫不畏惧,静静地坐在炉旁,目不交睫,盯着猛虎,岿然不动。猛虎见咆哮无效,立即变换一种方式,结队在刘安身旁逡巡游

【出处】 晋·葛洪《神仙传·刘安》。原文:淮南王(刘安)临去时,余药器置在中庭,鸡犬舐啄之,尽得升天,故鸡鸣天上,犬吠云中也。

【释义】 鸡和狗随着主人成仙升天。这原是道家编造的神话。后比喻一个人做了大官,和他有关系的人也跟着得势。常和"一人得道"连用。含贬义。

走,不时发出愤怒恫吓的低吼。刘安仍然不为所动。

忽然,门扉洞开,闯进一群美女将猛虎驱尽。她们轻歌曼舞,做出种种媚态,蛊惑刘安。刘安只觉得太可笑,冷冷看着,这时窗外露出曦微,美女顿然消失,神仙出现了。

神仙将炼丹之法传与刘安。

刘安赶回王府,如法炮制。炼出仙丹后全家服食。一家人顿成神仙,飞到空中,剩下的丹药被鸡犬吃掉,于是鸡犬也白日飞升,一时间空中鸡鸣犬吠,煞是热闹。

后人据这个故事概括出"一人得道,鸡犬升天"的成语。

刮目相看

吕蒙是三国时东吴的名将,继周瑜、鲁肃之后,担任孙权最高军事长官。在他的精心策划和周密的安排下,击败威震华夏的关羽,袭取了荆州。

吕蒙出身贫苦,没有多少读书的机会,缺乏治国安邦的谋略,谈话也没有书生气。吴王孙权觉得吕蒙是个很可造就的人才,所不足的是读书不多,缺少必要的知识。

有一次,很关心地劝吕蒙说:"如今将军是朝廷重臣,名望很高,地位尊崇,美中不足的是书读得太少。作为统军大将不能单纯依靠武功高强,作战勇猛,还须讲究点谋略才行,我劝你抽空多读些书,增加点知识。"

【出处】 《三国志·吴志·吕蒙传》
【释义】 指另眼看待,用新眼光看人。

吕蒙听了孙权的话，觉得不大好意思，辩解说："军营里的事情太多，每天都有处理不完的军务，我也想看些书，可就是抽不出时间来。"

孙权说："你说得有些不对点。如果说忙，我就该比你还忙，朝中的事情比军营要复杂得多，内政、外交、军事等等，样样都需由我来决策，即使如此，我还是忙里偷闲，找些书来读。我劝你读书，当然没有让你背诵五经，当博士的意思，只是要求你增加见识，开阔眼界就行了，况且读书对你治军也有很大的帮助的。"

吕蒙赞同地说："您说得对，听说汉武帝就勤奋好学，他当年东征西讨，戎马倥偬，仍能坚持读书，我一定以他为榜样，下一番苦功夫，不负您的重望。"

从这次谈话以后，吕蒙不管军务怎样繁忙，总是抓紧一切时间，抽空翻阅《史记》《汉书》《战国策》等书，很快学问大有长进。

周瑜死后，鲁肃继任大都督，司令部设在陆口，由于工作关系，吕蒙与鲁肃经常讨论军政大事。

一次，吕蒙问鲁肃："将军受朝廷重托，驻守陆口，北与荆州相望，素闻关羽勇略过人，深通兵法，如有意外，将军有何良策？"

鲁肃向吕蒙虚心求教，吕蒙说了五条计策对付关羽。鲁肃听了又惊又喜地夸奖道："我只道你老弟武功高强，想不到您还有这么高的智谋，可喜可贺呀。"

吕蒙开玩笑说："士别三日，当刮目相看嘛。"

金石为开

飞将军李广的一生充满传奇经历。晋人葛洪所著《西京杂记·第五》记载：李广单身出猎，运气不佳，跑了一整天，不要说大动物，连狐狸野兔都没发现。黄昏时分，他信马由缰地回营，走着走着，猛地抬起头来，见几百步之外的草丛中卧着一只猛虎。

他精神大振，取出强弓，搭上羽箭，拼足力气将弓拉得如同一轮满月，一箭射向猛虎。

他静静观察了一会儿，等待中箭的猛虎挣扎一番，想待虎死之后，再去收拾猎物。

等了好一阵子，仍不见动静。李广觉得奇怪，他没见过猛虎中箭后毫不挣扎就死去的情形。他走进草丛，仔细一看，原来箭射入一块巨石之中。这下他惊呆了，不相信自己能箭穿硬石。

他转身回到原处，再次射巨石，连射几箭，都是箭头崩碎，箭杆折断，巨石毫无损伤。

这件事流传很久，从汉初流传到汉末。有人问大学问家杨雄，这到底是怎么回事。

杨雄说："李广心太专一了，铁石才能被射穿嘛（至诚则金石为开）。"

【出处】 汉·刘向《新序·杂事四》。原文：熊渠子见其诚心而金石为开，况人心乎？

【释义】 金石：金属与石头，指坚硬之物。金石也被打通。形容心诚志坚，力量无穷，可以动物感人。

老当益壮

东汉时期,汉光武帝有员名将叫马援,字文渊,是战国时期赵国名将赵奢的后代。他为汉武帝平定边境地区立下很多战功,对东汉初年的社会安定发挥了重要作用,一生兢兢业业,老年时死在疆场。

马援小时候就有远大志向,非常向往在边疆地区策马驰骋,放牧牛羊,自由自在。成年后,他担任扶风郡的督邮,官职不大,却十分同情受苦受难的平民百姓。马援六十二岁时,汉军去平定武陵动乱,结果全军覆没。马援向光武帝请求出战,光武帝劝他说:"你征战无数,年纪大了,不要再出征了!"马援说:"我不算老,披甲上阵易如反掌!"光武帝深为感动,令他率领四万大军征讨武陵。此时正是暑天,骄阳似火,敌军守住山头,居高临下,汉军的船只被急流所阻,久攻不下。许多官兵中暑,军营疾病流行,马援也病倒了,但他仍坚持指挥部队。由于马援没有采纳另一名部将的意见,那名部将报告朝廷,诬陷他指挥不当。朝廷派人来调查时,马援病重死去。

马援死在疆场,实现了平生的志愿。他生前常对朋友说:"大丈夫要有志气,越穷困,志气越要坚定,年老了,志气更要雄壮(老当益壮)!"他征战一生、智勇刚强的精神为后代所景仰。

【出处】 《后汉书·马援传》

【释义】 年纪虽老,志向更加豪壮。

各得其所

汉武帝的妹妹隆虑公主有个儿子,被武帝封为昭平君。昭平君平日酗酒行凶,胡作非为,经常触犯刑律。武帝看在妹妹的面上,一次次都法外施仁,予以宽恕。

隆虑公主病危时,很为儿子的将来担忧,恐怕她死以后,昭平君失去了管教更加横行不法,就为他赎免一次死罪。昭平君自他母亲死后,更加肆无忌惮,知道他母亲为他赎免了一次死罪,行为越加放纵。

一次喝得大醉,把主傅杀死,被关入宫内监房。杀人者抵罪,有明确的法律条文,廷尉原想依法处昭平君死刑,但想到隆虑公主预先为昭平君赎免过死刑,不敢擅自决断,向汉武帝奏请裁处意见,说:"昭平君擅杀朝廷官员,依法当死,但公主临终之日曾向陛下赎免过死罪,陛下当时也亲口答应,所以臣不敢定罪,请陛下圣裁。"

武帝左右的大臣觉得隆虑公主只此一子,被处死刑即绝了后代,何况皇帝答应赦免一次,于情于理都应该从轻处分。于是纷纷替昭平君说情,建议武帝信守诺言,饶恕昭平君一次死刑。

武帝对讲情的大臣说:"公主老年得子,又在临终之际将儿子托付于我,想起来我也觉得痛心。可是法律是高帝亲自制定的,如果因为我妹妹的缘故破坏了先朝法令,我怎么对得起列祖列宗,又如何取信于百姓呢?我看还是依法判决吧。"武帝说完,禁不住流下眼泪,左右大臣也觉得悲哀,气氛显得十分压抑。

———————————————

【出处】 《周易·系辞下》

【释义】 指各自得到所需要的东西,也指每个人或事物都得到适当的安置。

太中大夫东方朔却上前祝贺说："我听说圣明的君主治理天下时，奖赏不避仇敌，处罚不偏袒亲近。您已收到了这两条，全国百姓生活安定，每个人都得到了适当的位置，实在是百姓的大幸(四海之内，元元之民各得其所，天下幸甚)。"

当天夜里，武帝对东方朔说："我悲痛时，你却祝贺，不对吧。"

东方朔又一番颂扬的话把武帝说高兴了，得到了不少赏赐。

盘根错节

东汉安帝永初四年(公元110年)，是东汉王朝十分不安定的一年。这一年，西羌与匈奴两个少数民族，分别从西面和北面大举来犯，一时间，告急文书雪片似地涌入京城洛阳，向朝廷告急。汉安帝立即召集文武百官商议退敌之策。

大将军邓骘说："如今羌兵、匈奴两路入侵，我们现在是将寡兵微难以分兵抵御。依臣之见，不如放弃凉州，全力对付匈奴，等我们将匈奴一举击败后，再回师直取凉州，这样可解兵力不足之唯。不知诸位对此有何意见？"

众大臣听了邓骘的话，都未置可否，因为他们认为，邓骘身为大将，精通兵法，一定有战略眼光，便没有人提出异议。

但就在这时，郎官虞诩却说出了自己的看法，他说："邓将军，如果真如你所说的那样去进行军事部署，在下以为，汉室江山可就危险了。如果西边放弃，必然要波及北面。再有，我军的战马多数要靠西北供应，凉州一放弃，骑兵的战马靠什么来补充呢？这种做法邓将

【出处】 《后汉书·虞诩传》
【释义】 盘：屈曲，盘旋。错：交错。树根盘曲，枝节交错。比喻事情繁难复杂，难以处理。也比喻某种势力根深蒂固，难以铲除。

军要三思啊!"

听了虞诩的话,邓骘心中非常不痛快,他无论如何也没有料到,虞诩这样一个小小的郎官竟敢在文武百官面前公然对他的作战方案提出异议。但他又不好公开发作,便忍住心头之气,阴沉着脸问道:"那么依虞大人之见,我们该如何去做呢?"

虞诩信心十足地说:"羌兵远来,必定带不得许多粮草,他们只求速战速决,以快取胜。而我们则可凭险据守,不与他们正面交战,等他们扎下营寨我们半夜去扰,这样不出一个月,他们不仅人困马乏,且粮草也得不到补充,必然不战而退。这样我们还有必要放弃凉州吗?"

汉安帝依了虞诩的计策,果然既退了羌兵,又打败了匈奴。汉安帝为此十分欣赏虞诩。

邓骘由于虞诩当面给了他难看,因此对虞诩十分不满,便找机会进行报复。

不久,朝歌一带发生动乱,农民起义军攻城陷地,杀死许多朝廷官员。消息传到京城洛阳,邓骘觉得机会来了,打算用个借刀杀人之计除掉虞诩。

于是邓骘向汉帝保奏说:"郎官虞诩文武全才,他可以任朝歌县令,为国分忧。"

当时安帝不知邓骘的阴险用心,立即传旨,任命虞诩为朝歌县令。圣旨一下,虞诩的许多好朋友都纷纷来到他的家里,劝他说:

"虞大人,你去朝歌任县令,这是邓骘的一个阴谋。你此去朝歌必然凶多吉少,不如上书皇帝辞职。"

虞诩听了朋友们的话,笑笑说:"诸位大人,我以为有志气的人不求去做那种容易办的事情,更不能遇到困难就退缩。为国分忧,为民解难,是做大臣的本分。如果遇不到盘结的树根,交错的竹节,怎能识别刀斧的锋利呢(不遇盘根错节,何以别利器乎)?"

虞诩义无反顾地到朝歌上任。到任不久,他很快平息了动乱,后来又屡建军功,最后官至尚书仆射。

破镜重圆

　　"破镜重圆"说的是南北朝时陈朝最后一个皇帝陈后主的妹妹乐昌公主夫妻悲欢离合的故事。

　　这位陈朝后主陈叔宝，自当皇帝那天起就没有干过一点正经事。他在位的十几年中，除去与后宫的美人们饮酒作乐，与大臣吟诗作对之外，剩下的时间就是休息睡觉。至于国家大事，百姓疾苦，他根本没有放在心上过。

　　驸马都尉徐德言看到朝政日非，国家形势江河日下，禁不住忧心忡忡。

　　但自己不是什么举足轻重的人物，根本无力扭转危局。一天徐德言对妻子乐昌公主说："陈朝眼看就要灭亡了，我们夫妻在动乱中也难免有失散的可能，将来凭什么重逢呢？"

　　乐昌公主听了丈夫的话，吃惊地问："现在国泰民安，你怎么会说出如此不吉利的话来？"

　　徐德言不胜悲凉地说：

　　"夫人，你住在深宫之中，哪里会知道宫墙外所发生的事情。现在天下已经大乱，北边隋朝皇帝杨坚精明神武，手下猛将如云，谋臣众多，随时都可能将我们陈朝吞掉。现在皇兄如果能振作起来，励精图治也许还能维持一段时间。但他会这样做吗？像现在这样，前方的军报送来，他连封都不启，便丢到床下不管，国家危在旦夕；隋朝不兴兵征陈便罢，一旦兴兵来打，陈朝会立即土崩瓦解。夫人呀，你说这日子还太平吗？"

　　【出处】　唐·孟棨《本事诗·情感》
　　【释义】　比喻夫妻离散后重新团圆或感情破裂重新合好。

乐昌公主听了,忙问:"那我们该怎么办呢?"

徐德言沉思了半晌,随手拿来一面铜镜,用力将它摔成两半,一半交给乐昌公主,一半自己留下,对乐昌公主说:"这一半铜镜你带在身上。我们如果真的失散,每年的正月十五都拿自己这半面镜子到集市上去卖,我们就有重逢的一天。"

不久,隋文帝命晋王杨广为诸路军总管,派大将军韩擒虎、高颖、贺若弼等统领大军水陆并进直取陈朝。

隋军所向披靡,势如破竹,渡过长江一举灭掉了陈朝,从此结束了南北分裂的局面。乐昌公主与丈夫徐德言果然在逃亡的路上各自走散了。

乐昌公主在路上被隋军所俘,送给越公杨素充当了歌妓。徐德言经过千辛万苦也流落到了京都。

转眼已到了第二年,正月十五这天,徐德言依照与妻子的约定来到集市之上。他果然看到有人拿着乐昌公主的那半面铜镜在出售。

徐德言赶上前去接过镜子,在镜面上写下了一首诗,让卖镜人交还镜子的主人。

乐昌公主见了徐德言留在铜镜上的笔迹,忍不住痛哭起来。杨素马上问是怎么回事,乐昌公主便将自己的身世一五一十地讲给了他听。

杨素听了乐昌公主的话,便动了怜悯之心,马上命人找来徐德言,让他们夫妻团聚。夫妻二人拿出各自的半面铜镜合在了一起,脸上露出幸福的微笑。

歧路亡羊

杨朱,魏国人,先秦古书中又称为阳子居或阳生,后世人尊称他为杨子,是战国时期一位很有影响的思想家。

杨朱家境优裕,有许多僮仆为他料理家务。平日,杨朱为前来求学的弟子讲学,与邻居绝少往来,彼此相安无事。

有一天,杨朱的邻居丢失了一头羊,于是全家出动到处寻找。找了半日,一无所获地回到家中。这家主人觉得很懊恼,又不甘心。有人出主意说:"杨朱先生家有不少僮仆,不妨请杨先生派他的僮仆帮帮忙,也许能找得到。"

邻居找到杨朱,说明来意,请求帮忙。杨朱很奇怪地问:"不过是丢了一只羊,有必要让那么多人去找吗?"

邻居哭丧着脸说:"先生有所不知,村外的岔路太多了,不知羊从哪条路上跑掉的,人少了不济事,请先生千万帮忙。"

杨朱见邻居着急的样子,不忍拒绝,便同意派出几个僮仆协助寻找。

黄昏时分,找羊的人们陆陆续续回到家中,杨朱很关切地问邻居:"羊找到了吗?"

邻居叹口气说:"别提了,整个儿白忙,连个影子都没看到。"

杨朱说:"那么多人连一只羊都找不到,未免太奇怪了。羊难道能飞上天去?"

邻居说:"都怪那该死的岔路太多了,岔路之中又有岔路。人没有岔路多,谁也弄不清羊究竟是从哪条路上走掉的,当然找不到

【出处】　《列子·说符》
【释义】　比喻情况复杂多变,易迷失方向而误入歧途。

了。"

杨朱听了似有所思，点了点头道："哦，是这么回事。"

邻居走了之后，杨朱忽然变得沉闷起来，整天不见笑容，像是有什么事压在心头。

他的学生见老师闷闷不乐的样子感到迷惑不解，终于忍不住询问："仅仅丢了一只羊，并不是什么了不起的大事。何况羊又不是您的，您何必这样愁眉不展呢？"

杨朱说："即使是我丢了羊也不是什么了不得的损失，我才不会为一只羊发愁呢。我是由这件事联想到治学。如果在学习上不求专一，而是东抓一把、西抓一把，到头来岂不像在岔路中找羊一样，一无所获吗？"

弟子听了，受到很大启示，学习更加专心致志了。

日暮途穷

楚平王是春秋时有名的昏庸无耻的国君之一。他宫中有无数美妃佳丽，却又强行将儿媳纳为王妃。

相国伍奢认为这件事有悖伦常，会引起各诸侯国的耻笑，多次面见楚平王向他陈说厉害，坚决反对他的这种荒谬做法，但楚平王为色所迷，哪里听得进去半个字，最后竟恼羞成怒，一气之下将伍奢杀死了。

杀死伍奢还不算，楚平王又颁下诏书，让伍奢的两个儿子伍尚和伍员进京，打算将他们一起杀死以斩草除根，不留后患。

【出处】　唐·《史记·伍子胥列传》

【释义】　暮：傍晚，日落的时候。穷：穷尽，完了。天色已晚，路已走到了尽头。比喻已到了走投无路，忍无可忍的地步。

伍员接到诏书便识破了楚平王的险恶用心，劝哥哥伍尚千万不能进京，一去必死无疑，要他和自己一齐逃到国外，然后再设法为父亲报仇。

伍尚为人愚忠，明知此去必死无疑，但总觉不能违抗王命，接着楚平王的要求赶到京城，结果被杀害了。楚平王至此并未甘心，他又命人画像，在楚国上下通缉伍员。

伍员连夜出逃吴国。他昼伏夜行，披星戴月，风餐露宿，吃尽了千辛万苦，一口气走了十五天，这天他终于赶到了昭关。

楚平王想到伍员要逃出国去，便在各关设下重兵。昭关同样兵将众多，盘查甚严，别无他路可走。伍员无可奈何，只好躲进好友东皋公家。

东皋公十分同情伍员的遭遇，他不惜冒着被杀头的危险，将伍员隐藏在家中，自己又多次出门为伍员寻找脱离险境的途径。这次出门时，他特意叮嘱伍员说："昭关是通往吴国的惟一道路，所以盘查得非常紧，你呆在家中，千万不要妄动，静候我的消息！"

东皋公一去七天，杳无音讯。伍员想起父兄大仇未报，自己身困楚国，一时难以脱身，急得日夜不安，寝食俱废。等到东皋公再回到家中，一看伍员在几天之内须发皆白，不禁心生一计，顿时有了办法，他对伍员说：

"你现在须发全都变白了，别人无论如何也认不出你来。就连我刚进门时也以为家中来了别人。我现在看你的样子非常像我的一位叫皇甫讷的好友，你不如与他换装，冒充他的名字，如果他被抓住，你正好趁机出关。"

按照东皋公的安排，伍员悄悄地闯出了昭关，又历尽辛苦才终于逃到吴国。吴国阖闾早就耳闻伍员武艺高强，谋略过人，见到他后，立即命他为上将军。伍员得到重用，一心为吴国训练兵马，教他们排演阵法，不觉间已过了十年。

伍员决心为父兄报仇，他亲率大军攻打楚国。经过五次激战，楚军被吴军彻底击败，伍员一鼓作气攻入楚国都城——郢都。

此时，楚平王早已死去，但伍员心头怒气难消，他命人掘开楚平王的坟墓，将楚平王暴尸荒野，用手中的钢鞭将楚平王的尸体痛击三百下，才算解了心头之恨。

事后，申包胥指责伍员的行为过火，伍员说："我像赶路的人，天色已晚，路途已尽（日暮途穷）才有意胡来一次，你应该理解我。"

世外桃源

陶渊明是晋朝著名的大诗人，性情旷达，不追求功名利禄。早年他做过彭泽县令，可因不满官场的黑暗，上任仅八十一天，就弃官回家，过起了闲逸的隐居生活。

《桃花源记》是陶渊明的一篇代表作，在这篇文章里，他讲了这样一个故事：

晋朝太元年间，武陵郡有个以打鱼为生的人。一天，他外出捕鱼，划着船儿顺流而上，忽然望见了一片茂密的桃花林。渔人从未见过这么美丽的风景，心里十分惊喜，就继续摇橹沿着桃花林向前划。不一会儿，小船划到了林子的尽头，前方出现了一座青山。只见山脚下有一个狭窄的山口，从里面透出来一丝光亮，渔人便系舟登岸，从山口向里边走。

刚走没几步，一片平坦宽阔的田野映入眼帘。田野上，一些男男女女穿着奇异的装束在忙碌地耕作；田垄上，老人和孩子在无忧无虑地玩乐。渔人正看得如痴如醉，桃花源的人发现了他，忙问他是从哪里来的。渔人如实地告诉了他们。桃花源的人热情地把渔人邀请到村子里，杀鸡摆酒款待他。村里人全跑来看渔人，打听这打听那，

【出处】　晋·陶渊明《桃花源记》
【释义】　指虚构的超脱现实的安乐美好的地方。

也把自己的情况告诉渔人。原来，桃花源人的祖辈们为逃避秦朝的战乱，携带妻子儿女躲到了这个谁也不知道的地方，从此再也没出去过。

渔人在桃花源住了几天，就告辞了。临走之前，村里人再三叮嘱他："这里的情况千万不要同外人讲啊！"渔人走到山外，划船顺原路返回。一路上，他细心地做下了记号。一回到家，就把这件事禀报了太守。太守派人随渔人去找桃花源，可他们迷了路，再也没能找到那个美丽无比的世外桃源。

退避三舍

晋国公子重耳，不愿意担不仁不义的名声，放弃了回国为君的机会。这倒引起了诸国国君的敬重，所以重耳每到一处都受到极为隆重地接待。

有一段时间，重耳住在楚国，国君楚成王对重耳的人品格外钦佩，完全按照国君的规格来接待他，并常常亲自陪同他饮酒闲聊。

在一次宴会上，楚成王问重耳："我待你情深意重，将来公子做了国君，你怎么来报答我呢？"

重耳想了想说："真的有那么一天，我重耳做了国君，万一晋楚交兵，我令晋军首先后退九十里（退避三舍，一舍之地为三十里），做为报答。"

————————————

【出处】 《左传·僖公二十三年》。原文：晋、楚治兵，遇于中原，其辟君三舍。

【释义】 舍：春秋时行军三十里为一舍。退师九十里。比喻主动退让，不与之争。

重耳的这番话被一同饮酒的楚国大将子玉听到了。他觉得重耳心胸宽阔，有英雄气度，是个人物，将来一旦回到晋国一定会对楚国构成威胁，便想找个机会将重耳杀死，以免去后患。

子玉将自己的打算说给楚成王，楚成王说：

"现在各国都在广招英雄，我们却要将广有贤名的英雄给杀掉，那还有谁再敢与我们交往，为我们效力？更何况，无缘无故地承担害贤的恶名也太不明智了。"

光阴如箭，不觉十九年过去了，这一年，秦国帮助重耳返回晋国做了国君，他就是春秋五霸之一的晋文公。

由于晋文公在国外流亡多年，饱受颠沛流离之苦，对百姓的生活疾苦十分了解，成为国君后，便励精图治，使百姓过上了安定富裕的生活，一度衰弱的国势很快强大起来。

当时楚国也很强大，经常出兵征讨别国。公元前632年，楚国组成陈、蔡、郑、许等国联军，攻打宋国。联军长驱直入，很快逼近宋国京城商丘。

宋国见联军声势浩大，来势凶猛，势不可挡，急忙派人向晋国求救。晋国与宋国一向修好，晋文公马上点兵出征，先攻下了楚国的盟国曹国和卫国，然后挥师楚国。

楚国的领兵大将是子玉，这个人自恃有才能，十分骄傲，听说晋军来犯，指挥楚国气势汹汹直扑晋军。

晋文公见楚军赶来迎战，立即下令，大军后退九十里（三舍），晋军将领听说未交锋就先退军，都不同意，晋文公对他们说：

"行军打仗必须理直气壮，方能取胜。现在我们主动后退，楚军就输了理，然后我们再反击，士兵心里有气，作战一定勇猛，何愁打不胜这一仗？"

楚军大将子玉率领他的大军，一路势不可挡，看到晋军不战自退，便认为是他们怯战了。于是发下号令，指挥楚军大踏步行进。

楚军尾随晋军，穷追不舍，直追到城濮这个地方才与晋军相遇。

晋文公自有他的作战特点，他命晋军避开楚军正面精锐部队，向楚军兵力薄弱的右翼进攻，使得楚军右翼暴露，主力陷入重围。晋、楚两军立即投入全部兵马，一场恶战直杀得天昏地暗。结果楚军大败，楚国大将子玉羞愤难忍，一气之下拔剑自杀了。

晋文公兑现了退避三舍的诺言，奠定了霸主的地位，历史上称这次大战为"城濮之战"。

完璧归赵

传说从前有个楚国人名叫卞和，在荆山得到一块稀世玉石，献给楚厉王。厉王命令玉工检验，玉工说是石头。厉王以欺君之罪砍掉了卞和的左脚。厉王死后，武王继位，卞和又去献宝，玉工还说是石头，武王又砍掉了卞和的右脚。

等到武王死了，文王继位时，卞和用双手爬到宫廷，又来献宝。文王命玉工把玉石劈开，里面果然是一块价值连城、举世罕见的宝玉，于是这块璧玉就被称作"和氏璧"。战国时期，赵国的赵惠文王得到了"和氏璧"，十分珍爱这件国宝。秦国的秦昭襄王听说后垂涎三尺，很想把这件宝物占为己有。他派使者带着国书去见赵王，说愿意用十五座城来换这块宝玉。

赵王知道这是秦王的诡计，分明是想来骗取美玉。可是，如果不把璧玉给秦国，又怕秦国以此为由头，发兵攻打赵国。要知道，秦国早就想并吞赵国了！赵王和大臣们商量来商量去，总想不出一个万全之策。赵王为此十分焦虑不安。

正在这时，有人向赵王推荐自己的门客蔺相如，说这个人有勇有谋，去秦国回复此事倒很合适。赵王立即召见蔺相如，问他有什么

【出处】　《史记·廉颇蔺相如列传》
【释义】　指把原物完好无损地归还原主。

高见。蔺相如说:"秦国用城池跟赵国交换璧玉,赵国如不答应,这是赵国理亏了;赵国把璧玉送给秦国,秦国如不把城池交给赵国,便是秦国理亏了。如果陛下信任我,我愿带着璧玉去见秦王。假如秦国真的把十五座城池划归赵国,我就把璧玉留在秦国;要是秦国不把城池交出来,我就带着璧玉回国来,保证璧玉完好无损。"

赵王一时也没有更好的办法,就派蔺相如带着璧玉出使秦国。

蔺相如到了秦国,进宫见了秦王,把"和氏璧"献给了秦王。秦王接过去欣赏半晌,爱不释手,连声喊:"宝物!宝物!"他的大臣、随从、爱妾、宫女们也都围上来一睹为快,齐声向秦王道贺。

蔺相如等候在一边多时,见秦王丝毫不提交割城池的事情,明白秦王并无诚意,便上前对秦王说:"这块美玉有点小毛病,让我指给您看看。"秦王信以为真,就把美玉还给蔺相如,蔺相如接过璧玉,紧紧抱在怀里,后退几步,靠着宫中的大柱子,怒发冲冠地对秦王说:"平民老百姓交朋友,都知道以讲信义为重。可是您作为享有威望的大国君王,拿到了赵王派我送来的璧玉,却只字不提交付十五座城池的事情,所以我把璧玉拿了回来。您要是硬想从我手中把璧玉抢去,我今天就把脑袋和这块璧玉一块儿撞碎在这柱子上!"说罢,捧起璧玉,斜眼望着柱子,准备砸去。

秦王怕损坏了美玉,知道不能硬夺,连忙好言劝阻,又假意命令人取来地图,把十五座城池指点给蔺相如看。秦王还答应蔺相如的条件,同意斋戒五天,在朝廷上举行盛典,正式交换"和氏璧"。

蔺相如看出秦王心中有鬼,料定他一定会背约的。回到住处以后,当即派随从亲信,身着麻布短衫,化装成老百姓,连夜把璧玉送回赵国去了。

到了举行典礼的那天,蔺相如沉着地对秦王说:"'和氏璧'已经送回赵国了,您如果有诚意,先把十五座城池交出来,我马上把'和氏璧'给您送来,不然的话,您即使杀了我的头也无济于事,我这么做,也是迫不得已。你们秦国自穆公以来,前后二十几位君主,从没有对别国讲过信义的。"秦王又气又怒,但又无可奈何,最后只得放他回国。

蔺相如凭着他的机智勇敢，果然完璧归赵。

项庄舞剑

项羽与刘邦领导的起义军，是秦末大起义中最强的两支队伍。这一年，他们兵分两路进攻秦国首都咸阳。

临行前，他们约定，先入咸阳者为关中王。刘邦在进军中沿途废除秦朝的严刑苛法，开仓放粮，救民于水火，所以受到百姓的拥护与爱戴，一路畅通无阻，先期攻占了咸阳。

项羽率军也不敢怠慢，一路英勇杀敌，但当他率领大军来到咸阳附近新丰县鸿门这个地方时，传来了刘邦已占领咸阳的消息。人们报告项羽说，刘邦入咸阳后正准备称王。项羽听了勃然大怒，打算挥师灭掉刘邦。

当时刘邦的人数和战斗力远远不及项羽，听说项羽率兵来攻打，刘邦心中不禁惊恐万分。谋士张良马上为刘邦献上一计：他要刘邦去项羽军中，主动去解释，说自己没有称王之意。这样就能取得项羽的谅解，避免眼前的灭顶之灾。

事不宜迟，第二天，刘邦带着谋士张良和猛将樊哙到鸿门拜见项羽。事前听说刘邦要来鸿门军中，项羽的谋士范增便建议宴会上将刘邦杀掉，以绝后患。

【出处】 《史记·项羽本纪》。原文：于是张良至军门，见樊哙，樊哙曰："今日之事何如？"良曰："甚急。今者项庄拔剑舞，其意常在沛公也。"

【释义】 项庄：楚霸王项羽手下的武将。项庄在鸿门宴中假意舞剑，目的是想杀沛公。比喻说话和行动真实意图别有所指。

刘邦等人带着礼品来到鸿门项羽的军中,献上礼物,项羽设宴款待刘邦、张良,把樊哙留在军帐之外。饮酒中,刘邦很谦卑地对项羽说:"我占领咸阳后,专等大王到来,绝没有称王的野心,这一点就请大王放心吧!"

项羽见刘邦态度谦卑,说话诚恳,立即打消了要杀掉刘邦的念头。谋士范增看到项羽迟迟不动手,便几次暗示项羽,项羽装作看不见。范增觉得这是诛杀刘邦的惟一良机,不能错过,于是,走出帐外,找到项羽的弟弟项庄说:"你赶快进帐,借舞剑助兴的机会杀掉刘邦。"

项庄抽出腰中宝剑,来到大帐之中说:"我现在舞一回剑为大王和诸位助兴。"

说完便舞起剑来,想伺机刺杀刘邦。项羽的堂叔项伯与张良交好,不愿杀掉刘邦,便起身与项庄对舞,保护刘邦。

张良看到刘邦处境危险,便急忙走出大帐,招呼猛将樊哙赶快进帐保护刘邦。樊哙执盾仗剑,打倒几个想阻拦他进帐的卫士,一直闯入宴会大帐。

项羽正在饮酒,见一员大将闯入帐中,心中十分喜欢,连夸樊哙英勇。马上命人给樊哙递上一条猪腿,并问他:"你敢喝酒吗?"

樊哙说:"大丈夫连死都不怕,还怕喝酒!刘邦辛辛苦苦攻下咸阳,静候大王来接收。立下这样的大功,得不到奖励不说,还要遭到杀害,如此下去,谁还敢为大王效力呀?大王,这事可要三思啊!"

项羽说:"将军多心了,我没有杀刘邦的想法,请安心喝酒吧!"

刘邦看此地不能久留,便找个理由说去厕所悄悄溜出,同樊哙回到自己的营中。

项庄舞剑的用意当然不是为了助兴,真正的企图是刺杀刘邦,所以后人用这个成语来讽喻别有用心的行为。

叶公好龙

春秋时代，楚国叶地有个县尹叫沈诸梁，字子高，因自称"叶公"，所以大家都叫他"叶公子高"。

叶公嗜龙成癖在当地是出了名的，可以说是无人不晓、没人不知。他家中的梁、柱、门、窗、桌、椅、床、柜上都雕着龙，墙上画着龙，帷帐、坐垫、衾枕上绣着龙，甚至连杯、盘、碗、筷等日用器皿上也纹着龙样，简直是一个龙的世界。

一传十、十传百，叶公爱龙如命的美名终于传到了天上。天上的真龙听说人间有这么一位叶公竟对自己如此喜爱，如此痴迷，真是感动得无法形容。它决定下凡登门拜访，亲自去向叶公表达真挚的谢意。

真龙降临叶公家的时候，叶公正在午睡。他刚好做了一个梦，梦见自己骑在一条巨龙背上向天空飞去，身边云雾缭绕……忽然，他被一阵"轰隆隆"的雷声惊醒，猛地从床上爬起，朝窗外看去。好家伙！窗外乌云压顶，电闪雷鸣，大雨倾盆，可怕极了。他赶忙去关窗户，却不料真龙正巧探进头来，只见它双角耸立，两眼圆睁，好不威风！叶公吓了个半死，拔腿就逃，跌跌爬爬逃进堂屋，又被真龙巨大的尾巴绊了个跟头。他"啊——"地大叫一声，便软瘫在地上失去了知觉，那模样就如同死了一般。

真龙莫名其妙地看着不省人事的叶公，闷闷不乐地飞回天上去了。它兴致勃勃而来，扫兴沮丧而归，到最后也没弄明白自己究竟闯

【出处】 汉·刘向《新序·杂事五》

【释义】 叶公：春秋时的楚国贵族，名子高。好：喜爱，爱好。叶公喜欢龙。指表面显得喜爱某事物，实际上并不真正喜爱。

了什么祸。

左邻右舍听说了这件事,都异口同声道:"原来叶公喜爱的是那似龙非龙的假龙,而不是真龙呀!"

一鸣惊人

战国时代齐国的淳于髡是很有名的学者。虽然他身材矮小,其貌不扬,但是他机警聪明,博学多才。

齐威王即位以后,整天吃喝玩乐、醉生梦死、不问国政,遭致各诸侯国侵犯,齐国危在旦夕。在这国难当头的时刻,大臣们虽然很着急,但没一人敢去劝谏。

齐威王有个怪癖,喜欢听笑话、猜谜语。淳于髡滑稽幽默,言语风趣,他打算用谜语来劝告齐威王。

一天,淳于髡来到宫廷求见。只见一群歌伎正翩翩起舞,齐威王陶醉在其中。见到淳于髡很不耐烦,威王忙说:"你没看见我正忙着呢,有事明天再说。"

淳于髡说:"大王,我最近听到一则谜语,特意来讲给您听。"

齐威王一听谜语,高兴地说:"好啊,快讲,快讲。"

淳于髡说:"咱们齐国有只大鸟落在大王的庭院里,三年的时间,它不飞也不叫。大王,您知道这是为什么吗?"

淳于髡刚一讲完,齐威王就说:"此鸟不飞则已,一飞冲天;不鸣则已,一鸣惊人。"

原来,齐威王以前的所作所为只不过是个假象。当时齐国的政权掌握在卿大夫手中,他自己需要等待时机,考察哪个是忠,哪个是

【出处】 《史记·滑稽列传》
【释义】 比喻平时的表现很平常,一旦做起来就有惊人的成就。

奸。

齐威王听出淳于髡是用谜语讽喻他，他认为这时时机已经成熟，于是下决心整顿朝纲，收复失地，振兴齐国。

第二天，齐威王召集大臣们入宫，严肃地说：

"从今天起，我要整顿朝政，有功的，给予奖励；对那些危害国家的，要严加惩罚。奖惩先从县吏开始，你们说一说下面县吏的情况。"

大臣们支支吾吾，没人能说出来。齐威王加重了语气又问一遍，有几个大臣说："阿城县令很好，即墨县令最坏。"

齐威王下令全体县令都到都城述职，还在大殿前放了一口大锅，煮得滚开。

大臣和县令上朝后，齐威王把所知情况统统摆出来，下令将阿城县令扔到滚开的大锅里煮了。

原来，齐威王早已派心腹将各个官员的情况摸透了。即墨县令为人正直，从不贿赂大臣，所以无人说他好话，而阿城县令搜刮民脂民膏，只知玩乐，行贿受贿，所以许多大臣为他美言。

接着，齐威王又命令将几个颠倒黑白的大臣也扔到锅里。从此，齐国百官不敢为非作歹，都尽心竭力为民办事，从此政局稳定，百姓安居乐业，齐国便富强了。同时，还收回了失地。在齐威王执政的三十七年中，使齐称雄于列国。

坐观成败

汉武帝晚年性格变得异常古怪，暴躁多疑，喜怒无常，甚至对他的儿子及皇后都失去了信任。

【出处】　《史记·田叔列传》

【释义】　指冷眼旁观别人的成功、失败而不相助。

当时游方道士及巫师麇集长安，以旁门左道惑乱人心，一时巫蛊之风大盛。

"巫"是用咒语诅咒他人致死，"蛊"则是刻一木偶埋于地下，使意想中的仇人死于非命。

武帝年事已高，身体多有不适，怀疑有人用蛊术暗害自己。

奸贼江充深知自己罪孽深重，已引起太子及皇后的痛恨。他害怕武帝死去后遭到严惩，便向武帝挑拨说宫中蛊气弥漫。

江充奉武帝之命入宫清查，将皇后及太子寝宫掘地三尺，狼藉一团，无法放床休息。江充声称在皇后太子宫中发现许多木偶，质问太子的老师石德到底是怎么回事。

石德害怕受到株连，对太子说："宫中的木偶不知何人所为，您又没办法解释清楚。应该将江充抓起来，必是他在玩弄阴谋。"

太子不敢答应，准备到甘泉宫向武帝说明情况。江充却再三逼问太子，太子情急之下命人诈称王命逮捕江充。有人怀疑其中有诈，太子不得不亲自仗剑杀掉江充。

苏文跑到甘泉宫，诬告太子谋反。

武帝一面命丞相调兵平息叛乱，一面亲自来到城西建章宫，调动长安附近三处兵马进逼长安。

太子闻讯，急忙乘车来到北军，将调兵的符节交付护军使者任安，命令任安发兵。任安接受符节，然后关起大门，拒不执行命令。太子引兵西去，途中与丞相部队遭遇，大战五天，死伤数万人，一时京城大乱。百姓都认为是太子造反，纷纷帮丞相作战，太子见战事不利往南逃去。

后来，在汇报北军表现时，武帝更为震怒，他指责任安说："任安是个混官场的老东西，他所以没有执行太子的调兵军令，是想等双方胜负已定时再表明态度(欲坐观成败)，这分明是对朕怀有二心。"

然后下令将田仁、任安一并腰斩于市。

按兵不动

春秋时期,晋国赵简子准备袭击东方的卫国,临出兵前,他选派了一位亲信大夫史默去刺探卫国的军情。赵简子与他约定一个月为期,等他回来后就出兵攻卫。

史默走后,赵简子命令全军将士加紧练兵习武,积极做好战斗准备。可是一个月过去了,史默还没有回来,这时,有个谋士对赵简子说:"史默过期不归,很可能已经遇害了。其实,卫国是个小国,经不住晋国的攻击,请元帅下令出兵吧!"

赵简子说:"卫国敢于断然同我国绝交,一定做了充分的准备,我们决不可掉以轻心。史默一向思虑深远,他没有如期归来,一定是发生了什么变故。出兵的事,等他回来再说吧!"

时间一天天过去了,到了六个月后的某一天,史默终于带着大量的情报从卫国回来了。

原来,卫国国内发生了一些出乎意料的新情况:

过去,卫灵公重用谄媚进谗的小人弥子瑕,现在,他接受了大臣们的忠谏,罢免了弥子瑕,任命德高望重的贤臣蘧伯玉为宰相,赢得了民心;为了激起国人的同仇敌忾之心,卫灵公派人公开宣布说:"晋国已经命令我国,凡有姐妹、女儿的人家,都要抽调一人去当人质。"消息传出后,卫国群情激愤,充满了对晋国的强烈仇恨。

【出处】 《吕氏春秋·卷二十·恃君览·召类》。原文:赵简子按兵而不动。

【释义】 按:止住,压下。 控制军队,使之暂不行动,以待时机。也比喻接受任务后不肯立刻付诸行动。

不久前，孔子和他的弟子子贡到了卫国，受到卫灵公的盛情款待，子贡还被任命为宰相。这件事对于招徕贤才、安定民心、巩固卫国的统治起了重要作用。

史默报告了以上的情况后说："卫国现在贤臣很多，民气旺盛，想用武力使它屈服，可能要付出很大的代价，请元帅三思而行啊！"赵简子听了，立即下令三年按兵不动，暂时放弃了袭击卫国的计划。

百折不挠

桥玄，字公祖，东汉睢阳(今河南商丘)人。出身官僚世家，其祖父、父亲都当过太守。他在县衙当功曹时，接待豫州刺史周景，向周景揭发陈地太守羊昌的罪恶，表示愿意陪周景到陈地去查办案情。周景认为桥玄用心豪壮，当时签署命令，派他为专使，调查羊昌。桥玄到达陈地，立即收审羊昌的宾客，调查赃罪，查获大量罪证。

羊昌是大将军梁冀的亲信。梁冀命令周景停止对羊昌的调查。周景接到命令，发文件调桥玄回任。桥玄置之不理，终于将羊昌用囚车押到州衙受审。桥玄因此威名远扬。

灵帝初年，桥玄官任河南尹，后转任鸿胪卿，他与南阳太守陈球关系很紧张。待桥玄位至三公时，却推荐陈球任廷尉。陈球上任果然执法严明。

【出处】 汉·蔡邕《太尉乔公碑》。原文：其性庄，疾华尚朴，有百折而不挠、临大节而不可夺之风。

【释义】 折：挫折。挠：弯曲，屈服。指无论受到多少挫折也不屈服。

桥玄的儿子十岁,在家门口玩耍被强盗绑架。强盗带上人质,让桥玄出钱赎买,桥玄冷言拒绝。这时,河南尹和洛阳县令得到消息,派人将桥玄府第包围起来。他们顾忌强盗杀害人质,不敢向强盗进攻。

桥玄瞪起眼睛大声命令说:"赶紧抓强盗,不要因为一个小孩子而放纵坏人。"最后,强盗伏法,孩子也丢了性命。

桥玄立即请皇帝下诏,以法律形式规定凡是劫持人质,勒索钱财者,一律处斩,禁止用金钱赎人,防止助长恶人的气焰。

自汉安帝以来,绑架案件频繁发生,从诏书颁布之后才彻底杜绝。

曹操没做官的时候,没人了解他的政治和军事才能。曾有一次,曹操与桥玄倾谈。桥玄很欣赏曹操的见解,对他说:"天下大乱是免不了,将来能安定天下的人可能就是你呀!"

曹操从此将桥玄视为知己。桥玄又开玩笑说:"你显赫后,经过我的坟墓,如不能用酒肉祭奠我,你车子走过三步,若肚子疼,可别怪我。"

曹操做丞相后,路经桥玄坟墓,想起了旧日的情谊,作了一篇纪念文章,文中一往情深地回顾当时的趣事,文章结尾,忽然悲从中来,读之令人伤怀。

碑文中颂扬桥玄说:"高明卓异,为众杰之雄。其性庄,疾华尚朴,有百折而不挠、临大节而不可夺之风。"

不识时务

东汉时期,成都人张霸人称"张曾子",学识渊博,人品一流。他极爱读书,精通《春秋》,博览《五经》,每天找他求教的人络绎不绝,声望越来越高。

后来,张霸被朝廷录用,选做会稽郡太守。会稽这个地方当时社会秩序混乱,行窃的盗贼很多,老百姓的日子很不安宁。张霸到任后,先整顿郡府内部,赏功罚罪,十分严明。郡吏们见太守如此认真,各人都严守其职,不敢再有懈怠。随后,张霸又命人四处张贴告示,缉捕小偷贼盗,震慑罪犯。不久,郡内滋事偷盗的少了,遵纪守法的多了,呈现出一派太平景象。

在会稽执政期间,张霸不埋没有才能的人,只要是贤德之士都举荐给朝廷,量才任用。他举荐的顾奉当上了颍川太守,公孙松当上了司隶校尉,都做出了一番事业,受到世人称颂。会稽的百姓感念张霸的政绩,曾编了这样一首童谣赞扬他:"弃我戟,捐我矛;盗贼尽,吏皆休。"

张霸做了三年太守,不想再干下去,便以生病为由辞去了官职。郡府的官吏们不解其意,都执意挽留他。张霸却去意坚决,他对大家解释说:"日中则移,月满则亏。我是由一个贫寒的读书人升到太守高位的,应该满足了。古人说'知足不辱',我现在退下正是时候!"说完,打点行装就走了。

过了几年,朝廷再次召用张霸,任为侍中。中朗将邓骘听说张霸很有些名气,便想与他交往,几次找机会主动接触。邓骘是皇后的长

【出处】 《后汉书·张霸传》

【释义】 没有认识当前的客观形式和社会潮流。

兄,地位非常显赫,满朝文武畏惧他,又没法讨好他。可是,张霸总是躲着他,不予理睬,态度很冷淡。

　　一些人见张霸这样对待邓骘,就在背后议论说:"张霸这个人不识时务!"耻笑张霸不知好歹,送到眼前的好事居然不要,别人想巴结还巴结不上呢!

　　张霸却自有他的道理,依然我行我素。七十岁那年,他因病故去。在留给儿子的遗书上,张霸写下了这样意味深长的话:"人生一世,只是一味地敬畏别人,而自己不多做善事,到头来还是要身受其祸的。"

乘风破浪

　　唐朝大诗人李白有一首题为《行路难》的诗,其中有这样两句:"长风破浪会有时,直挂云帆济沧海。"据史书记载,诗中的"长风破浪"出自一位名叫宗悫的少年之口。

　　宗悫是南北朝时宋国人,他从小就有远大的抱负。当时,天下太平,没有战争,人们都以读书为本求取功名,宗悫偏偏爱好武艺,整天骑马射箭,使枪弄棍。他的叔父宗炳担心宗悫难以继承祖业,有一次问他说:"像你这样不务正业,将来长大了干什么呀!"

　　宗悫豪迈地回答说:"愿乘长风破万里浪(乘风破浪)!"

　　宗悫十四岁时,他的哥哥办喜事。当夜,十几个强盗前来抢劫。宗悫拿起平时练武用的大刀,一个箭步冲了出去,和强盗厮打起来。

　　【出处】　《宋书·宗悫传》。原文:悫年少时,炳(宗炳)问其志,悫曰:"愿乘长风破万里浪。"

　　【释义】　乘风:凭借风力。　趁着顺风,冲开浪头。比喻志向远大,不畏艰险,奋勇前进。也指船顺风势,行驶很快。

他一脚踢倒一个强盗，又举起大刀，把另一个强盗劈倒，吓得强盗们狼狈逃窜。

这件事传到江夏王那里，江夏王很赞赏宗悫的胆量，派人把宗悫找来，让他在自己手下当了一名军官。

有一次，宗悫带着队伍去讨伐林邑王。敌军出动了一支用大象装备起来的队伍，大象的皮很厚，普通的刀剑不容易砍伤它。怎么办呢?宗悫灵机一动，想出一条妙计，他说："狮子是百兽之王，用它来对付大象一定有效。"

于是，他叫士兵们扎了一些摇头摆尾的假狮子，装在战车上，由士兵推着冲向敌阵。这一招真灵，大象看见"狮子"来了，果然吓得四处奔逃。宗悫指挥宋军乘机进攻，大获全胜。

宗悫智勇双全，屡立战功，被封为左卫将军。

覆水难收

殷朝末年，渭水河边，出了一个古今闻名的大贤人，名叫姜子牙。他在八十岁以前，没有被周文王礼聘出山的时候，有一段非常坎坷的生活经历。

开始他买卖生猪，人们不喜欢吃猪肉，专吃羊肉，他的生意十分清淡。后来他开始从事卖羊肉的生意，人们的口味仿佛专门和他开玩笑，突然又不吃羊肉了，改为吃猪肉。

市场的变化使姜子牙的生意再度亏本，于是他想了一个万全的办法，同时经营猪羊两个品种。他买进大批猪羊，还没来得及脱手，朝廷颁布了新法令:禁止屠宰任何牲畜。

【出处】 《后汉书·何进传》

【释义】 比喻已成事实，难以挽回。

姜子牙购进的猪羊卖不出去，又不敢屠宰，只好养起来，每天消耗大量饲料，硬着头皮做赔本生意。

姜子牙在生意场上连连失利，引起他妻子的强烈不满，讥讽说："你就是天生的穷命，这辈子别想发财，别人做生意赚钱，你倒赔本。像你这样做买卖，早晚连妻子都得赔进去。"

姜子牙说："并不是我不会经营，而是朝廷的法令限制了我的生意，如果允许屠宰，我的猪卖出去，不照样能赚一大笔钱吗？"

他妻子不满意姜子牙的辩解，威胁说："我不问你做什么生意，也不想知道是谁妨碍了你，总之一句话，你再赔钱，我就与你离婚。我可不想和你这个倒霉蛋过一辈子穷日子。"

姜子牙了解妻子的性格，不屑继续争辩，开始想他的生意经。他分析了几次失败的原因，决心汲取教训，从事一种没有风险，朝廷任何时候都不能明令禁止的买卖。

于是他开始卖面。他想："人们总是要吃面的，那么就不愁无钱可赚。"

姜子牙担着面粉，走街串巷，吆喝着叫卖，可也真邪门了，一连十几天，居然一笔生意都没有做成。一天，有一位老太太要买二两打糨糊。姜子牙很犹豫，有心不卖，但大小是笔生意，不做可惜；卖吧，数量又太小。

最后决定做这笔小生意。不料打开箩筐，没来得及舀面，一阵狂风吹来，箩筐倒地，面粉被刮得漫天飞舞，一点不剩。姜子牙只好回家，被迫同意他妻子的离婚要求。

后来姜子牙做了大官，他妻子要求复婚，姜子牙命人把一盆水泼到地上说："你把泼在地上的水收起来，我就与你复婚。"

他妻子灰心地说："覆水难收哇！"说完羞愤得自杀了。

大喜过望

"黥"是古代的一种刑罚。这种刑罚带有相当的污辱性,因为它是在被处刑罚人的脸上刺字,然后涂上黑色。受过这种黥刑的人,终生脸上都要留着这种痕迹。

英布在秦朝末年时,曾被处以黥刑,所以人们又叫他黥布。秦末时,农民起义风起云涌,如火如荼,继陈胜、吴广在大泽乡揭竿起义后,黥布在骊山又率三千人举行了起义。

当项羽在咸阳自称西楚霸王时,他封黥布为九江王。楚汉之争开始后,黥布是项羽手下非常得力的将领之一,他一直是项羽大军的先锋官。

论武功,在楚军中黥布仅在项羽之下,而刘邦手下的将领则没有一个人能与他匹敌。

但是在一次大战中,黥布被打败了,一次败仗项羽也不能容忍,他马上革去了黥布的王爵,命他戴罪立功。黥布心中非常不服气,他认为不能因为一次失败就这样对待他,便对项羽心怀不满,并逐渐与项羽离心离德。

刘邦在对项羽的作战中,最怕最恨的就是黥布,当他听说黥布遭项羽贬时,心中不禁大喜。这时,刘邦手下的萧何向刘邦表示,他愿意趁此良机劝说黥布前来归顺。萧何的想法正中刘邦的下怀,他立即让萧何动身。

萧何见到黥布,对他说:"将军为西楚霸王立下无数战功,却不料仅仅打了一次败仗就被革去了王位。韩信用兵如神,出师以来攻

【出处】 《史记·黥布列传》

【释义】 指结果超过自己期望的,因此特别高兴。

无不克，战无不胜，将军将来难免有一天会和他相遇，如果与他交战时再吃败仗，到那时只怕身家性命也难保住了。我们汉王刘邦对将军非常敬重，将军为何不弃楚投汉建功立业，将来成就一番大事呢?"

听了萧何的一番劝告，黥布心中便开始寻思这个事情，经过反复考虑，黥布决心听从萧何的劝告。

黥布决意背叛项羽，但他怎么是项羽的对手呢?更何况黥布的手下原来也都是楚兵，现在突然自相残杀，自然十分不振。他刚刚与项羽交锋，便被项羽打得落花流水，只剩一人一马，万般无奈，与萧何化装成百姓，悄悄来到汉营向刘邦投降。

为了挫败黥布的傲气，刘邦耍了一个小计谋：故意在洗脚的时候召见黥布。

他见黥布时显得漫不经心，而且十分冷淡。当时黥布真是一肚子火，后悔自己听了萧何的话来投刘邦。黥布只勉强谈了几句话，便告辞出来，心中真是又羞又气。自己怎么落到这种地步?黥布想到了自杀，但转念又一想，自己就是死也不能死在你汉王面前，还是先休息一夜，明天再另做打算。

当黥布思绪很乱的时候，刘邦的随从却恭恭敬敬地来请他，将他安排到已经为他准备好的住处。

黥布来到住处一看，那里的房屋设施、警卫随从及饮食车马，完全与刘邦是一个规格，比他来以前设想过的水准要高出许多，心情顿然开朗，变得格外高兴(布又大喜过望)。于是，安下心来，为刘邦争夺天下。

孤注一掷

寇准是在宋真宗景德元年担任宰相的。他任相不久,北方的游牧民族契丹人经常派小股部队侵入大宋的边城进行侵扰。宋朝一派出军队打击,他们便撤回去。

边关将消息飞报朝廷,寇准马上报告皇帝说:"这是他们在麻痹我们,应马上挑选精锐部队扼守边关的军事要塞。"

皇帝听从了寇准的建议。但是,宋朝的军事部署还没来得及完成,契丹军已大规模入侵,各地边防的告急文书雪片一样飞往京城。

这些告急文书汇集到寇准的手中,他心中早就拿定了主意,把所有的消息都扣下,不向皇帝报告。

有人向皇帝汇报紧急军情,这可把皇帝急坏了,马上召见寇准,向他询问军情。

寇准向皇帝报告完军情,对皇帝说:"陛下打算击退敌兵,五天之内即能办到,请您亲自到前线督战。"

听了寇准的建议,皇上心中颇为犹豫,立即上朝召集文武百官,商议对策。

【出处】 宋·辛弃疾《九议》。原文:于是乎"为国生事"之说起焉,"孤注一掷"之谕出焉,曰"吾爱君,吾不为利",曰:"守成创业不同,帝王匹夫异事。"

【释义】 孤注:把所有的钱都作为赌注。掷:掷骰子。赌徒倾其所有做赌注,希望最后一次掷骰子时能赢钱。比喻用尽全力冒险行事,以求侥幸成功。

众大臣议论纷纷，参知政事是江南人氏，他建议迁都金陵；陈尧叟原籍四川，建议迁都成都，皇帝一时又没了主意。

第二天，皇帝又将这两种看法征求寇准的意见。寇准对皇帝说："是谁出的这种主意？说这种话的人可杀不可饶。京都搬迁会引起天下大乱，宋朝的江山可就危险了。我们进可攻，即便坚守，待敌疲劳，必然退去，迁都是万万不可。还是陛下亲临前线，才能稳操胜券。"

宋真宗权衡再三，也觉得寇准的建议是唯一可行的，于是他来到澶渊前线。宋军士兵见皇帝亲临军中，顿时士气倍增。

疲惫的契丹军看到宋军兵马威武雄壮、戒备森严，自己先乱了阵脚。

宋真宗住在行宫，派内侍到军中了解寇准的动向。内侍报告说："寇丞相与杨学士在饮酒赋诗。"

宋真宗听了高兴地说："寇准有必胜的把握，我可以放心了。"

寇准亲自指挥宋军，把契丹军打得节节败退，取得了决定性的胜利。为此，宋真宗对寇准更加信任。

寇准为官清廉，一切从国家利益出发，所以在选拔官员时，从不问他们的资历如何，而只看才能怎样。对此，副宰相王钦若怀恨在心。

一次，宋真宗因事将寇准和王钦若一同召进宫中。商议完事情，寇准离去时，宋真宗用亲切的眼光目送寇准。

王钦若把这些看在眼里，马上别有用心地对宋真宗说："寇准曾拿陛下您当赌注，您没有想到吗？譬如赌博，赌徒快把钱输光了，往往把剩下的钱全部押上，这就是孤注。在与契丹人的交兵中，寇准让您亲监澶渊前线，置您于数十万敌军之前，这不就是把您当成孤注作最后一掷了吗？现在想来，那可实在太危险了。"

王钦若的一席话，说得宋真宗后背直透凉风，不觉害怕起来。如果打不败契丹军，自己不就要死在前线吗？

听信了王钦若的谗言，宋真宗不久便将寇准贬出京城去做地方官了。

现在，"孤注一掷"这个成语，比喻在危急时用尽所有力量做最后一次冒险。

好谋无断

曹操手下有一个得力的谋士郭嘉，他为曹操除吕布、讨袁绍立下赫赫功劳，但是，这个"智多星"却几乎是曹操"捡"来的。

郭嘉少年早慧。稍长，对时势就有了明晰的分析。他看到汉朝政局危机，天下将乱，便在家乡隐姓埋名，攻读史籍战策，密交志士豪杰。

起初他想投奔袁绍，以成就志愿，可是见了袁绍以后，他却改变了主意。袁绍派属下出门问他："你见了我主袁绍，印象如何呀？"

郭嘉毫不客气地说："你家主公只知道效法古人礼贤下士的形式，不懂得任用人的要领。想办的事头多杂乱，不知道哪些是最要紧的；处处筹谋多虑，却很少做出决断(好谋无决)。与这种人共事，以济天下之难，取霸王之业，实在是很难的！"

说完，郭嘉就脱离袁绍大营，几天后去投奔曹操了。

曹操早知郭嘉的名声，见到他就出了个难题考他。曹操问道："袁绍地广势强，兵锐马壮。我想讨伐他，可是感到力量不够。依先生之见，我该怎么办呢？"

郭嘉起身拱手，侃侃而谈："曹公，兵家以弱胜强多，古不乏例。远的不说，刘邦和项羽开始的时候力量相差悬殊吧，可是刘邦胜了；

【出处】 《三国演义》

【释义】 爱用计谋，但没有决断。形容人空有心计，缺少胆略，做事犹豫不决。

项羽称霸一时,难免乌江自刎之惨局。古之善战者,不以现有的力量对比论成败,而以揣度双方的能力预料胜败。看看国君哪方圣明,将领哪方贤能,官吏哪方能干,粮饷哪方丰富,战士哪方训练有素,军容哪方整齐,战马哪方善驰,形势哪方险要,幕僚哪方智慧高,对邻国哪方畏惧,钱财货物哪方多,人民哪方安定。综观这些,胜败的形势才可以断定。"

曹操频频点头,郭嘉接下去说:"依我观察,目前袁绍有十败,而你有十胜。"

曹操饶有兴致,趋身道:"愿闻其详。"

郭嘉就把双方的形势一一作了透彻地剖析。曹操击掌笑道:"使我成大事者,必此人也!"

从此郭嘉就留在曹操身边效力了。

鸡鸣狗盗

战国时期,齐国有一位孟尝君,他很善养士。凡是志士能人,不论高贵低贱,他一律以礼相待,因此投奔他的人很多,他家有几千名门客。

这年,孟尝君出游秦国,送给秦昭工一件名贵的白狐狸皮袍子。秦昭王早已知道孟尝君是位有雄才大略的人,准备请孟尝君担任秦国的宰相。

秦国的大臣们知道后,十分忧虑,有一人悄悄地对秦昭王说:"千万不能让他做宰相,他是齐国人,办事一定先替齐国着想,对秦国是非常危险的。他很能干,既然到了这儿,我们就不应该放他回

【出处】 《史记·孟尝君列传》

【释义】 比喻低贱卑下的技能或行为,也指有这种技能行为的人。

去。"秦昭王听了,立刻下令把孟尝君软禁起来。

　　孟尝君发觉事情不妙,想方设法逃离秦国,便暗暗派人去找秦昭王的宠妃,请她帮忙请求秦昭王放了自己。妃子同意了,但要求孟尝君把那件白狐狸皮袍子送给她。这下孟尝君为难了:怎么才能从秦昭王那里拿回白狐狸皮袍子呢?他思来想去,毫无办法,十分焦急。

　　随同孟尝君出游的门客中,有一个人会装狗偷盗,平时别的门客常讥笑他。

　　事到如今,大家束手无策,他却有了办法。当天夜里,他独自一人悄悄来到王宫,装着狗爬进秦昭王的宫殿里,神不知鬼不觉地偷出了那件白狐狸皮袍子。接着,他来到那位妃子的住处,说孟尝君派他献上白狐狸皮袍子。妃子非常高兴,收下了皮袍子。第二天她在秦昭王面前替孟尝君说情,请求放掉孟尝君,秦昭王糊里糊涂答应了。

　　孟尝君担心秦昭王改变主意,连夜带着门客赶路。他们来到秦国的边境,城门紧闭,守兵说必须等鸡叫时才让人进出,孟尝君焦急万分,这时门客中有一个会学鸡叫的人,偷偷学着公鸡啼鸣,霎时间附近的公鸡全部啼叫起来。

　　孟尝君逃出关卡,转危为安,高兴得心花怒放。等秦王的追兵赶到关卡时,他们早已进入了齐国境内。

集思广益

蜀昭烈帝章武三年(公年225年)春,刘备伐吴兵败,在白帝城(今四川奉节县)病危,临终前,将其子刘禅及国家军政大计一并委托丞相诸葛亮全权处理。

诸葛亮二十七岁出山辅佐刘备,为统一中原已呕心沥血地奋斗了二十一年。

四十八岁接受委托,深感到责任重大。为兴复汉室,北定中原,他前后六次亲率大军出征,北伐之前,诸葛亮为彻底解除后顾之忧,渡过泸水,深入不毛之地安抚少数民族,为了消除民族隔阂,他不惜七次释放孟获。感动得孟获热泪交流,指天发誓说:"南人绝不再叛乱了。"

诸葛亮五十岁时平定南方,首次统军伐魏。临出发前,给后主刘禅写了一封诚恳、委婉、严肃、字里行间充满忧虑国事,而又感情真挚的表文。表文深刻、全面地分析了当时的政治格局,提出在敌强我弱的形势下,应该采取的措施。

第一次北伐,错用马谡;误失街亭,兵败而归。第二次出兵陈仓,因粮食不能及时得到供应全师而退。后来再度出征,又因粮草不济,不得已停止进兵。

诸葛亮虽然智谋过人,但从不妄自尊大,非常尊重下级文武官员的意见。为了让众人敞开心扉,大胆说出自己的看法,他常常在决策以前,虚心征求下级的意见,并专门就这一问题下发了书面文告。

【出处】 三国·蜀·诸葛亮《教与军师长史参军掾属》

【释义】 指集中众人的智慧,可以收到更好的效果。

文告中说："凡是在参谋部工作的人员都要尽职尽责地把工作做好，并广泛听取众人的意见，集中全体人员的智慧，这样才能把事情办好。如果为了自身的厉害，连细枝末节的嫌疑都要设法躲避，不敢提出不同意见和看法，只能造成上级的耳目蔽塞，听不到有益的建议，那会给工作造成很大的损失。众人都要像董幼宰那样兢兢业业。他在参谋部工作七年，只要发现事情不妥，他就反复指出，有时达十次之多，如做到这一点，我就会少犯许多错误。"

诸葛亮六出祁山时，劳累过度而逝。享年五十四岁。

揭竿而起

秦朝末年，秦二世强征暴敛，人民赋税负担沉重，生活在水深火热之中。朝廷不顾人民死活，不断增加徭役，大肆向各地农民征兵，防守边境。阳城人陈胜和吴广等一批贫苦农民被征召入伍，集中起来向渔阳开拔。陈胜虽然是雇农，但胸怀大志，相信自己有朝一日定能出人头地。两个看押他们的军官见陈胜和吴广身体强壮，就指定他俩做领队的小头目，规定期限带领九百人到达指定地点。这支队伍到了大泽乡，恰好遇上一连几天倾盆大雨，道路被洪水淹没，无法前进。按照秦朝法令，不能按期到达的，一律处斩。壮丁们个个唉声叹气，愁眉不展。陈胜同吴广暗中商量："此处离渔阳还有几千里路，无论如何难以如期到达。误期是死，起义造反也是死，不如造反吧！"

二人商议已定，为了制造舆论，就定下两条计策，按计行事。吴广预先在一块白布上写上"陈胜王"三字，塞进买来的鱼腹中。第二

【出处】 汉·贾谊《过秦论》

【释义】 高举旗帜，奋起反抗。后用"揭竿而起"指造反起义，武装暴动。

天厨师剖鱼时发现了白布,把这事传扬出去,壮丁们议论纷纷,都对陈胜另眼相看。

然后,吴广趁着黑夜,在远处丛林中点起篝火,学着狐狸的声音鸣叫:"大楚兴,陈胜王!"壮丁们在半夜里听到叫声,都说天意指示陈胜将做皇帝,心中都拥护他,决心跟着他闯天下。

陈胜、吴广见时机成熟,故意激怒两个看押的军官,趁机杀了他们。随后,陈胜、吴广召集九百名壮丁,宣布起义。壮丁们早有准备,齐声欢呼,一致赞同起义,推举陈胜吴广为首领,于是陈胜自封为将军,吴广为都尉,打着秦朝太子扶苏和原楚国将军项梁的旗号,定国号为张楚,正式率队起义。起义军首先占领了大泽乡,乡亲们纷纷送饭送水慰劳他们,年轻人争先恐后报名投军。起义军队伍一下子增加很多人,武器和旗帜都没有,他们拿起木棒做刀枪,砍下竹子当旗杆。陈胜、吴广揭竿而起,带领起义军浩浩荡荡上了战场。

见利忘义

赵王如意为刘邦的宠幸妃子戚夫人所生。当年,刘邦认为太子刘盈过于仁慈,不足以震慑开国元勋,打算另立与自己性格相类似的赵王为储君。此事由于众大臣的一致反对而没有办成。

刘盈是吕后所生,吕后当然不愿刘邦废长立幼。事情虽然没有办成,但在吕后的心里留下了抹不去的阴影。

刘邦死后,刘盈继位,史称孝惠帝。吕后先后残忍地杀害了戚夫人和赵王如意,给惠帝造成巨大的精神痛苦。惠帝从此沉湎酒色,不

【出处】 《汉书·樊郦等传赞》
【释义】 指人见了私利而忘记道义。

久夭亡。

吕后虽然另立太子，但以太子年幼为口实，亲自参与朝政，即所谓"临朝称制"。

吕后准备让吕氏家族篡夺刘汉江山，便违背刘邦"不得封异姓为王"的嘱托，大封她的侄子为王，而且掌握了能够控制京城局面的北军。

吕后病死，吕氏一门蠢蠢欲动，刘汉江山危在旦夕，动乱的政治暗潮如即将喷发的火山，随时有爆发的可能，这使在朝大臣个个忧心忡忡。

丞相陈平，太尉周勃进行紧急磋商，讨论应急对策。陈平认为控制军队是当务之急，但周勃虽然是名义上的最高军事长官，但手中却没有兵权，兵符掌握在吕后的侄子吕禄手中，只有拿到兵符，才能够调遣部队。

吕禄从不离开部队，周勃没办法对他进行控制。陈平想起，退休在家的老丞相郦商的儿子郦寄与吕禄的交情甚厚，只有借助郦寄，才能将吕禄调出军中。

周勃来到郦商私宅，开门见山说："吕氏准备篡权，一旦他们的阴谋得逞，我们这些开国老臣必遭斩杀。你现在的性命已朝不保夕，为了大汉社稷，为了你一家老小，你也不该束手待毙呀！"

郦商本指望他的儿子郦寄与吕禄的交情来保护他的利益。听了周勃的话，惊出一身冷汗，这才意识到局面的危险性。他知道，作为前朝老臣，绝不会成为吕氏新贵。便问："依太尉之见，老朽应该如何？"

周勃说："老丞相可令郦寄将吕禄约出北军。只要控制住吕禄，我们就胜券在握了。"

郦寄奉父亲之命，约会吕禄出城打猎。吕禄不知是计，更想不到会被最好的朋友出卖，便欣然同意。二人带领百十名随从出城不远，即被周勃的伏兵擒获。

周勃逼迫吕禄交出兵符。

周勃身佩兵符来到北军。立刻集合部队,明确地说:"为吕氏卖命的,露出右肩,为刘氏天下的露出左肩。"

部队不愿为吕氏卖命,非常整齐地露出左肩(左袒)。

周勃当下部署军队将王宫控制起来,然后下令将吕氏家族全部诛杀。一场政治阴谋被彻底粉碎。

看来,见利忘义,自古不得人心。

口若悬河

西晋初年,文坛上活跃着许多有作为的作家和学者,其中被称为"竹林七贤"之一的向秀就生活在这个时代。

向秀在思想上推崇老庄,行为也与之极其相似。他不追求名利,不受当世礼节的约束,十分崇尚自然。平时他总与思想情趣一致的好友饮酒作诗,游山玩水,纵情于山水之间,而很少与高官显贵来往。

向秀的注释将庄子的思想表述得非常出色,他将以往人们没有发现的妙思奇趣发挥得淋漓酣畅。以致在当时引起一股人们阅读《庄子》的热潮。

可惜的是,向秀的这项工作还没有来得及完成,便不幸逝世了。他的儿子尚幼,不能继承父志,向秀的成果便被郭象窃取了。

这位郭象发现向秀对《庄子》一书的注释,还有"秋水"和"至乐"两篇没有完成,而"马蹄"一篇没有写好。于是,郭象将全部书稿拿来,重新整理了一遍,又以自己的名义抄出,这使郭象的名声越发响亮。

【出处】　《晋书·郭象传》

【释义】　形容人能言善辩,说起话来像瀑布倾泻一般滔滔不绝。也作"口如悬河",也作"口似悬河"。

郭象的学问不差,人也十分聪明,并且也很好学。但他的人品确实不敢恭维。尽管如此,他年轻的时候就小有名气,下一步就是去争取一个合适的官职了。

当时还不曾实行科举制度,谁要想做官,除了依靠高贵的出身,就是贵亲举荐。这两条路走不好,这一辈子就做官无望了。

郭象有了名气,便有州县官员来征郭象做官。郭象一看,征他做的官都只是些州县级的官员,便嫌职务低,不肯应征,并作出清高的姿态,每天只是读读书,评论以往碑文的得失。这种做法迷惑了不少人,甚至连王衍那样的大官也被他的假象蒙蔽了。

一次,郭象与王衍闲聊,他们无所不谈,什么天文地理,诸子百家,行兵布阵,治乱兴亡,郭象说得头头是道。王衍本来口才就好,又是当时一流的学者,听了郭象的谈话也禁不住赞叹说:"听郭象说话,就像山涧流下的溪水一样,永不枯竭(听象言,如悬河泻水,往而不竭)。"

胯下之辱

战国时期,最容易施展抱负,出人头地的有两种人,一种是有一套行之有效的富国强兵的办法的人,一旦得到国君信任,马上就会由平民百姓变成权势显赫的大臣,如苏秦、张仪、范雎、商鞅等。还有一种是善于用兵的人,一旦被任命为将军,立即大展宏图,成为千秋名将,如孙武、乐毅等。

受这种风气的影响,韩信从小就喜欢读兵书,他对《孙子兵法》一书的理解有万人不及的独到之处。然而,这种知识只能用于指挥

【出处】 《史记·淮阴侯列传》

【释义】 比喻受到很大的侮辱。

打仗,从事其他行业是派不上用场的。韩信梦想着能登坛拜将,立下赫赫战功。韩信在从军之前,穷困潦倒,但他觉得,作为未来的将军,必须像个将军的样子,所以出门时,有意无意之中,总佩带利剑,几乎成了习惯,尽管他的剑法并不出色。

一天,韩信心里有点烦闷,到酒馆喝了几杯酒。他的酒量不大,几杯下去,便有了几分醉意,应了借酒消愁愁更愁的那句老话。韩信从酒馆出来,面带醉意,走路摇摇晃晃,有点散脚。他转过小街,被一个无赖迎面拦住。

无赖双腿叉开,两臂抱着肩膀,一副蛮横无理的样子对韩信说:"瞧你个头不小,还带着宝剑,你敢与我比试剑术吗?"韩信抬头看看对方,觉得无赖可能精通剑术,自认没有必胜的把握,况且动起手来,不死即伤,太不值得,便摇摇头,说:"我剑术不行,不用比我就知道,肯定不是你的对手。"

无赖说:"你剑术虽然差些,杀人你会吧,我不还手,你把我杀了吧。"韩信说:"我与你素不相识,又无怨无恨,我杀你干吗?"

无赖说:"看来,你个头不小,胆却不大,连杀人都不敢。那么你从我的胯下钻过去,不然,今天没完。"

这时,路上行人纷纷围过来看热闹。韩信捏住剑柄,怒视无赖。转念一想,大丈夫能伸能屈,何必与小人计较。于是韩信不顾看热闹人的嘲笑,强忍胸中怒气,从无赖胯下钻了过去,然后,头也不回地走了。

狼狈不堪

三国时期，有一位著名的将领名叫马超，他英勇善战，足智多谋，后来成为蜀汉刘备军前的"五虎上将"之一。魏军首领曹操对马超切齿仇恨，却奈何他不得。

马超没有投奔刘备之前，率领自己的部队与韩遂的部队合并，同曹操作战。在进军潼关的战斗中，有一次马超与曹操在阵前相逢，马超恨不得立刻把曹操捉来，跃跃欲试，几次想趁机冲过去。曹操的部下许褚勇猛过人，紧紧护卫在曹操身旁，圆睁双目紧盯着马超的一举一动，使马超没有机会动手。曹操早已看出马超的用意，对他恨之入骨。由于曹军人多势众，马超这才没有轻举妄动。这场战斗之后，曹操将众多兵马集聚在一起，准备孤注一掷，渡过渭水去进攻马超和韩遂，将他们一举歼灭。马超得到消息后，心生一计，对韩遂说，曹军远道而来，我们在渭水北边布置阻截，困住曹军，待到他们粮草用完，就可打败他们，可是韩遂自有主张，不肯采纳这个计策。曹操听说后，认为马超实在狠毒，恨恨地说："马超不死，我死无葬身之地！"于是曹操采用手下谋士的离间计，挑拨马超和韩遂的关系，使他们互相猜疑，曹军乘机进攻，把马超和韩遂打得一败涂地。

马超率领自己的部队冲出重围，无处安身，便攻占了冀城，杀死州官，自称征西将军，把并州和凉州军政大权接揽过来。原州官的部下不服，纷纷起兵进攻马超。马超率领部队离开冀城去攻打卤城，受到激烈抵抗，无法攻下。待他率兵回冀城时，冀城已被原州官的部下占领，城门紧闭，使马超无法进入。这时马超又一次无处安身，像狼

【出处】　宋·朱熹《与政府札子》
【释义】　形容处境十分困难、窘迫得难以忍受。

狈一样,进退两难(狼狈不堪),只好到汉中去投奔张鲁。谁知张鲁为人平庸,马超无法与他共谋大事,心里郁郁不乐。这时马超听说刘备正率领军队在西川成都作战,就给刘备写去密信,请求归顺。刘备大喜,隆重地欢迎马超率部投奔。

刘备得到马超这员虎将,十分喜爱,任命他为平西将军,后又提为骠骑将军,同关羽、张飞、黄忠、赵云共为五虎将。

萍水相逢

滕王阁,气势雄伟,俯瞰赣江,不愧为千古名楼,在人们心目中有着特殊的地位。

这座楼阁原为唐太宗李世民的儿子滕王李元婴总督洪州时所建。楼阁以其封号命名。后来,滕王阁年久失修,一度成为各种飞鸟的乐园。它们在阁上筑巢产蛋、繁衍后代,使得它更加衰败。

这年,阎伯屿来洪州任都督,他派人将滕王阁修缮一新,并准备在九月九日这天,大宴宾客,举行庆祝竣工的典礼。

在古时候,人们为了某种庆典,都要举行大型酒会,而每当酒会时,都要撰写文采灿烂的文章,以示纪念。而这种文章一般都要由当时的大手笔来撰写。

都督阎伯屿有个女婿叫吴子璋,在当时也是 个小有名气的文士。阎伯屿为了显示女婿的文采,便事先让吴子璋将文章写好,以便在宴会的当天炫耀才华,达到以一篇文章扬名海内外的目的。

【出处】 唐·王勃《滕王阁序》。原文:关山难越,谁悲失路之人;萍水相逢,尽是他乡之客。

【释义】 随水漂泊的浮萍偶然聚集到一起。比喻素不相识的人偶然相遇。

到了九月九日的这一天,宴会在滕王阁举行,真是贵宾如云,武有王将军,文有孟学士,还有远道赶来赴会的显官宇文新州。来到宴会大厅,宾客们按照职务高低,年龄大小,依次入席。

宴会即将开时,阎伯屿命人取来文房四宝,对众位宾客说道:

"诸位朋友,今日名阁新修,贵宾云集,应该说是千古盛会,不可不留下纪念的文章。有劳在座各位挥动如椽大笔,为名阁增色。"

说完,阎伯屿命人将文房四宝从首座往下传,但在座的宾客谁也不敢冒冒失失地接手,自讨没趣,因为他们心里都清楚,阎伯屿拿出这文房四宝不是为别人,只是为自己的女婿,谁还能扫主人的兴呢!

在众多的来宾中,有一名年龄最小,而且也没有任何职务的人,他就是王勃。此时他正坐在最后一个席位上,当仆人仅仅出于礼貌将文房四宝递给他的时候,出乎阎伯屿和所有来宾的意外,王勃竟毫不客气地将文房四宝留在了自己的桌上,并开始挥毫写作。

阎伯屿见王勃年纪不大,却如此不懂礼貌,不知深浅,很生气地一甩袖子,离席而去,临走时,留下一名书童,让他站在一旁观看,王勃每写出一句,书童高声向里面报一句。

当王勃写下:"落霞与孤鹜齐飞,秋水共长天一色"时,阎伯屿与在座的所有宾客都吃惊地意识到,这位王勃确实是千载难逢的天才,他的文章是千古不朽的杰作。

阎伯屿此时再不敢有半点怠慢,马上出来向王勃表示歉意。

王勃以后成了初唐四大才子之首,但他在政治上却十分不得意。写《滕王阁序》这篇文章时,他年龄不大,通篇的基调是高亢激越,积极向上的。但也就是在这篇文章中,小小的王勃也抒发了仕途坎坷,知己难求的那种苦闷心情:

"关山难越,谁悲失路之人?萍水相逢,尽是他乡之客。"

也许是他少年早熟,过早地体会到了人生的艰辛,宦海的沉浮。但《滕王阁序》却成了千古名篇。

奇货可居

战国时，有个叫吕不韦的大商人，他经常到赵国的京城邯郸去做买卖。

一个很偶然的机会，吕不韦在路上发现一个很有风度的年轻人。这时有人告诉吕不韦说："这个年轻人是秦昭王的孙子，太子安国君的儿子，名叫异人，正在赵国当人质。"

当时，秦赵两国经常交战，赵国便有意降低异人的生活标准，弄得他有时食不果腹，甚至冬天连御寒的衣服都没有。吕不韦是个非常精明的人。

他了解到这些情况，马上意识到，如果在异人身上投点资，将来有一天会换来不可估量的利润。

他不禁自言自语道："此奇货可居也。"意思是将秦昭王的孙子、秦太子安国君的儿子异人当作珍奇的物品贮藏起来，等候机会，一定能卖个大价钱。

吕不韦回到寓所问他的父亲："种地能获多少利？"

他父亲说："十倍!"

吕不韦又问："贩运珠宝呢？"

他父亲答："百倍!"

吕不韦接着问："那么把一个失意的人扶植成国君，从而掌管天下钱财，能获多少利呢？"

【出处】 《史记·吕不韦列传》。原文：（子楚）居处困，不得意。吕不韦贾邯郸，见而怜之，曰："此奇货可居。"

【释义】 居：囤积。指把稀有的货物存起来，等待高价卖出去。常比喻凭借某种独特的技能或事物谋利。

他父亲吃惊地连连摇头说:"那就没有办法计算了!"

吕不韦听了父亲的话,决心做这笔大买卖。他先拿出一大笔钱,买通监视异人的赵国官员,让他与异人有了一面之交。见面时,他对异人说:"我想办法让秦国将你赎回去,然后立你为太子。那么,你就是未来秦国的国君。你看这样好吗?"

异人听了吕不韦的话又惊又喜,马上说:"那是我梦寐以求的事。如果真有那一天,我一定好好地报答你!"

二人将此事议定,吕不韦立即动身去秦国。他取来无数财宝用以贿赂秦国太子安国君的左右亲信,通过他们说服安国君,让他把人质赎回秦国。

安国君有二十几个儿子,但他所宠爱的华阳夫人却一个孩子也没有。于是吕不韦把功夫下在了华阳夫人的身上。吕不韦通过关系与华阳夫人接上了头,不久便派人给华阳夫人送去整车的绸缎、整箱的珠宝,几乎天下能找到的宝贝,吕不韦都送到了华阳夫人的宫中,目的只有一个,那就是让华阳夫人收异人为嗣子。

没过多久,秦昭王死了。安国君即位,史称孝文王。在华阳夫人的帮助下,异人被立为太子。孝文王阳寿不长,即位没有多久便因病而死去了。此时,太子异人即位为王,即庄襄王。

吕不韦真是好眼力。这时,异人报答他的时候到了。

庄襄王一即位,立刻召吕不韦进宫。他念念不忘吕不韦当年对他的帮助,更不忘他的拥立之恩,拜吕不韦为丞相,封为文信侯,并把河南洛阳一带的十二个县作为他的封地,以十万户的租税作为他的俸禄。

庄襄王死后,太子嬴政即位,即后来的秦始皇,而吕不韦则被称为仲父。

人心所向

晋朝人熊远,为人忠廉,对父母十分孝敬,对亲朋非常友善,在当时颇有名望。

熊远在年轻时便很有志向,决心为百姓和国家做出一番事业。一次,县令召他到县衙门做功曹,但他却辞谢不就。人们看他不愿做官,但又希望这样的好人做官,为了让他能为百姓谋利益,便强行为他穿上官服,硬是为他戴上官帽,拉着他来到县衙里,他才勉勉强强地做了这个功曹。

熊远在县衙里办事认真,处事公道,深受百姓的爱戴,他的名声越传越远,他到县里仅仅十天,郡里便看上了他,将他提拔到郡里做官。来到郡里,熊远见到太守,头一件事便是对太守说:"大人,你还是让我回去吧,我能辞去大官不能辞去小官,请让我回到县衙去吧!"

太守看他是个人才,哪里肯放他回去,让他留在郡里做官。在郡里他兢兢业业为百姓做了许多好事。

后来,熊远成了司马睿的主簿。当时晋朝执政的是愍帝司马邺,有一年新年,朝廷要举行盛大庆祝活动,为了使庆祝更有气氛,朝廷安排要歌舞奏乐。

这事传到了熊远的耳中,他认为这样做太过分,与当时国家的危难局面不相称,因为连年的战争与灾害,使国库空虚,现在朝廷的开支部处于维持状态,要拿出钱来大肆铺张,这钱从哪里出?惟一的办法是到百姓那里去搜刮,这无疑会让百姓的生活雪上加霜,他们

【出处】 《晋书·熊远传》

【释义】 民众所归向所拥护的。

将苦不堪言。

于是，熊远决心上书劝谏晋愍帝，熊远连夜起草奏章，第二天早朝他便急急忙忙地呈了上去。在劝谏中，熊远写道："上古时候，尧帝死后四海之内都停止演奏音乐。《礼记》一书说，遇到凶年无事要减少饭食，撤去奏乐。现在晋怀帝刚刚死去不久，甚至连棺材还没有送回去，贼人当道，人神共愤。天子应与百姓同忧，人心所归向的只是道德与仁义（人心所归，惟道与义）。我劝天子应该提倡忠孝之仪，宣扬仁义之统，不要搞那些娱悦耳目的玩意儿。这与国家社稷、百姓生计都没有什么好处。臣下所言如有一定的道理，就请圣上三思而后行。"

司马睿对熊远的这些建议非常赞同，也苦口婆心地去规劝晋愍帝，并对他晓以厉害，让他以自己的皇位为重，以百姓的生活为重。在熊远的奏章与司马睿的劝说下，晋愍帝最后还是采纳了他们的建议。

后来，熊远看到由于战乱，农田一片荒芜，这使得粮食产量极低，百姓们几乎到了无法糊口的地步，至于向国家交税就更无从谈起了。

于是熊远建议皇帝，在这一年的立春那天，率领三公九卿、文武百官到田里躬耕，用这种办法鼓励百姓种田。到了立春这一天，只见田野上龙旗飘扬，身着各色官服的百官在晋愍帝的率领下，拉犁的拉犁，点种的点种，一片繁忙景象，百姓们看到皇帝亲自率领百官种田，也都争先恐后来到田间，这一年果然获得了大丰收。熊远的所作所为，受到人们的称赞，都说他是一位贤德之人。

与虎谋皮

一天,吴有出门去探亲访友。一路上花红柳绿,春风拂面,他的心情十分舒畅。可是,刚走了一半路程,他看到四个强盗紧紧地围住一个人厮杀。四个人打一人算什么英雄好汉,而且还要图财害命,吴有拔剑上前,使出一个白鹤亮翅,接着一个乌龙探海,只几招便杀得强盗们只有招架之功,没有还手之力,落荒而逃。

吴有上前救下被围杀的人。原来这人是一位镖头,正押着一笔银子,被强盗劫杀,幸而遇吴有,不然银子被劫,砸了镖局的牌子不说,而且他的性命也难保。

镖头为了感谢吴有的救命之恩,热情地邀吴有到他家小住,一是要家里人认识一下恩人,二也有意与吴有加深感情。

一路上,他们谈自己的身世,谈自己的家境。当镖头得知吴有穷得无家可归,便有心帮助他。又见吴有不仅武艺高强,为人也热心肠,爽快善良。

便请吴有留下来在镖局里做事,并答应给吴有优厚的报酬。重义轻财,他就应了下来。

一次,吴有押解数万两银子,从河南去山东,路途遥远,翻山越岭,其为辛苦。当路过一座大山时,从树林中杀出七八十人。他们挥刀挺枪直奔镖银。

吴有哪能容他们逞凶,舞起手中的兵器,瞬间已把十几人打倒在地。剩下的人马上跪地求饶。

【出处】 《太平御览》

【释义】 与老虎商量要它的皮。比喻商讨的事情与对方(一般指坏人)利益产生冲突,不可能办到。

吴有生气地问："你们干什么不好,非要当强盗不可。"跪在地上的强盗们说："我们原本都是农民,遇上大灾,没有饭吃,才干起劫财的勾当。"

吴有听他们一说,顿时起了怜悯之心,从镖车上取来三千两银子,送给他们做本钱,让他们做个小买卖好养家糊口。

吴有回到镖局,将路上遇到的事讲给镖头听,差点没把镖头气晕,对吴有说："吴大爷,以后您就在家喝酒吧,不劳您走镖了。"

吴有觉得这事有点对不住镖头,打算挣回三千两银子赔给镖头。于是他每天都到外面寻找机会。

一天,在酒馆里他听说老虎皮大衣很值钱,一件就能卖三百两银子。他想,这下发财的机会来了。只要弄到十件老虎皮大衣,那三千两银子不就到手了吗?

吴有急急忙忙去找老虎商量。他对老虎说："请你帮个忙去找老虎,我要做十件老虎皮大衣,劳驾你和同伙们打个招呼,让他们给十张皮。"

老虎一听要被剥皮,早就吓得逃之夭夭。吴有见老虎跑了,气得破口大骂："呸,一群小气鬼,连张皮都舍不得!"

言过其实

公元228年,蜀国丞相诸葛亮率兵向长安方向进攻,打算一举歼灭曹魏。到达祁山之后,他决定派出一支人马去守住街亭这个地方,作为蜀军的根据地。那么,让谁来带领这支人马呢?当时诸葛亮

【出处】 《三国志·蜀书·马良传》

【释义】 原指言语虚夸,与实际才干不符。后多指言语与实际不符,过于夸大。

身边尚有好几位身经百战的老将，可是他一个也没有看中，独独选中了参军马谡。

马谡是蜀汉侍中马良的弟弟。最初，他曾跟随刘备攻克下蜀地。他的才能和见识都超出一般人之上，读过许多兵书，好谈论军事。诸葛亮南征时，他曾建议采取攻心的策略，被诸葛亮采纳了，因此深得诸葛亮的器重。

但是刘备在世的时候，却看出马谡有做事不踏实、好浮夸的毛病，临死前特地叮嘱过诸葛亮："马谡这个人言过其实，万万不能委以重任，望丞相再深入考察一下。"

诸葛亮对刘备的告诫没有引起足够的重视，仍然把他任命为参军，并且经常同他在一起通宵达旦地谈论军事。这一回，他又派遣马谡当先锋，负责坚守街亭这一战略要地，不由得不使老将们忧虑重重，提心吊胆。

马谡率领人马到达街亭时，张郃率领的魏军也正从东面开过来。马谡看了看地形，对他的副将王平说："这一带地形险要，我们就在街亭旁边的山上安营扎寨、布置埋伏好了。"王平提醒他，说："临行前，丞相再三叮嘱，一定要坚守住城池，稳扎营垒。我觉得在山上扎营太冒险啦。"

马谡缺乏实战经验，却自以为熟读兵书、精通兵法，哪里还听得进王平的劝告呢。他固执己见，坚持要把营垒安扎在山上。王平一再劝阻也没有用，最后只好央求马谡拨给他一千人马，在山下临近的地方驻守。

张郃率领魏军赶到街亭，一看马谡将营垒扎在山上，心中不由大喜，马上吩咐手下将士在山下筑好工事，摆好阵势，把马谡扎营的那座山团团围住。

马谡得到消息时，已经迟了。他几次命令士兵冲下去，都因张郃部下死死地守住阵地而告失败。结果，蜀军不但没有攻破魏军，反而被魏军的乱箭射死了不少人。

山上的水源也被张郃切断了，蜀军断了水，连饭都做不成，将士们个个口干舌燥、饥肠辘辘。时间一长，自己先乱了起来。张郃看准时机，发动总攻，蜀军丢盔弃甲，纷纷溃散，马谡想挡也挡不住。最后，只好自己杀出重围，向西边逃去。

幸亏王平率领一千人马，稳守营垒。他得知马谡失败，就令士兵拼命擂鼓，装出要向魏军进攻的阵势。张郃怀疑蜀军是不是埋下了伏兵，始终不敢逼近。

王平乘机整顿好队伍，不慌不忙往后撤退。就这样，不但保住了一千人马，也收容了马谡手下的散兵。

战略要地街亭的失守，打乱了诸葛亮的战略部署，迫使诸葛亮不得不退回汉中。

回到汉中后，诸葛亮全面了解了街亭失守的整个过程，马谡也承认了自己的过错。于是，诸葛亮按照当时的军法，把马谡关进监狱，定了死罪。同时，他认为王平曾劝阻过马谡，又在退兵时用计保全了人马，是有功的，就把王平提升为参军，让他统率全部人马。

马谡知道自己活不了多久了，就在狱中给诸葛亮写了一封信，信中说："丞相平日待我如同亲生儿子，我也把丞相当作亲生父亲。我死以后，希望丞相能像舜杀了鲧以后还用他的儿子禹一样，对待我的儿子。这样，我也就死而无憾了。"接着，他便在监狱里自杀了。

后来，诸葛亮果真把马谡的儿子照顾得很好。

诸葛亮向全军将士检讨了自己的过失，他说："先主临终前就告诫过我，说马谡言过其实，万万不可重用。此次街亭失守，固然是因为马谡违反军令；但我用人不当，也应该负很大的责任。"他还向后主刘禅呈送上一份奏章，请求将自己的官职降低三级。

想当然耳

孔融,字文举,鲁国(今山东曲阜)人,孔子后裔,文章很好,为建安七子之一,与刘备私交很深,对曹操却怀有成见。

曹操击败董卓,平定关中。孔融被调到朝中任太中大夫。他聪明诙谐,喜欢幽默,对看不惯的事常常嘲讽。

有一年粮食歉收,曹操下令禁酒。这本是件好事,完全可以义正辞严地照直宣布。曹操却找了一个很难说服人的理由,说酒可以亡国。

孔融认为曹操为人不光明,不说实话,便评论说:"褒姒使西周灭亡,看来女人也能亡国,可从来没人禁止婚姻。曹公明明珍惜粮食,却不肯实话实说,玩的还是权术。"

有人将孔融的话汇报给曹操,曹操很生气,但顾忌孔融的名声太大,不便轻易杀害,只好暗暗记在心里,伺机报复。

官渡大战,曹操以少胜多,取得决定性胜利。袁绍的儿媳甄氏落入曹操的儿子曹丕手中。据说甄氏生得花容月貌,美艳绝伦,很让曹丕动心。

曹丕请求纳甄氏为妾,曹操见甄氏果然动人,不言不语也透出万种风情,便满意地说:"真不愧是我的儿媳妇。"一句话,甄氏成了曹丕的合法夫人。孔融对此很反感,写信告诉曹操,说:"武王伐纣,将纣王妃妲己给了他弟弟。"

曹操不明就里,便向孔融请教此说出自哪部经典。孔融说:"您将甄氏赏给曹丕,从现在的情景看,可以设想有那么回事(以今度

【出处】 《后汉书·孔融传》
【释义】 想来当是罢了。指凭主观推断,以为事情大概是或应是这样。

之,想当然耳)。"又一次将曹操气得瞠目结舌。

曹操本来很欣赏孔融的文学才华,无奈孔融却不肯合作。由于政见的冲突,两人的矛盾终于激化。后来,孔融以不孝的罪名被杀害。正可谓是欲加之罪,何患无辞。

病入膏肓

传说,春秋时晋景公生了病,几乎请遍了国内的医生都没有治好。秦桓公得到这个消息,就向晋国推荐了一位名叫缓的医生,让他去给晋景公治病。

缓立即从秦国出发。当他还在途中赶路时,晋景公做了一个十分奇怪的梦。他梦见两个小人对话。一个小人忧心忡忡地说:"缓是本领高强的良医,咱们要赶快找个地方躲避一下才好呢!"另一个小人却若无其事地说:"不要紧,我们只要躲进膏和肓的中间,他就一点办法也没有了!"

缓赶到晋国后,马上去见晋景公,他观察了晋景公的脸色,看了他的舌苔,又仔细地搭了脉,最后摇摇头说:"这个病没法医了。病在肓的上面,膏的下面,膏肓之间是药力无法达到的(病入膏肓),因此,这个病没法医治了!"

晋景公听了缓的话,想起梦中的情景,叹了一口气说:"你的诊断很对,你真是个了不起的良医啊!"说完,赠给缓一份贵重的礼物,派人送他回秦国去。

不久,晋景公果然病死了。

【出处】 《左传·成公十年》

【释义】 指疾病已到了不可救治的地步。也比喻情况严重,已到了无可挽回的地步。

半面之交

东汉人应奉自幼聪明好学,博闻强记,知识渊博,特别是辞赋写得非常出色,但人们最佩服他的却是他超凡绝伦的记忆力。

从幼年到成年,凡是应奉经历过的事情和见过的人,他都毫无遗漏牢牢地记在心里。

东汉有定制,每到一定时期,中央和地方都要派人到下面各级单位检查案件的审理情况,以防止产生冤、假、错案。这一年,应奉受太守委托,到郡下属的二十四个县去检查案卷。这些案卷涉及到两千余人,材料抄录起来有几十卷。

当他检查结束,返回郡衙向太守汇报时,应奉根本不看材料。把二千多人的罪行和审理情况作了极为详尽的报告,而且没有半点遗漏。太守又是吃惊又是钦佩。

东汉时,有这样一种风气,就是达官贵人死后,家人要为死者立碑。在这些碑中。有些碑文不仅书法精美,而且行文严谨,极富寓意,很受文人学士们看重。

一次,应奉与好友许训一道进京,他们骑在马上,一边欣赏路上的水光山色,陶醉于秀美的风景之中,一边聊起诗词歌赋。正行路中,他们看到路边有一大碑,只见碑上的字笔法遒劲,叫人喜欢。许训看了,认为有好书法,必然也会有好的文采,便请应奉一齐下马欣赏。

应奉骑在马上,纹丝没动,只是飞快地看了几眼,便对许训说:"许兄,我看就不必下马了,我回去抄给你就行了!"

【出处】 《后汉书·应奉传》

【释义】 指只见过一次的旧相识。形容交情很浅。也作"半面之识"。

许训听了好生纳闷，虽听人说过应奉记忆力过人，但也不能如此就神速记住。便说他不相信。

应奉无奈，只好下马，他让许训看着碑文，他自己转过身去，对着远处的高山，将碑文从始至终一字不错地背了一遍。许训还是半信半疑。

他心想，应奉一定是见过这篇碑文，于是心生一计：他将沿途遇到的官吏、宾客，甚至吏卒、仆役都一一记在本子上。到了京城，当闲暇无事时，许训便拿出自己的本子给应奉看。

应奉接过许训的本子，只草草地翻了翻，便对许训说："许兄，你还漏记了一个人，这可太不应该了。"

许训一下被应奉说糊涂了，忙问："老弟说的是谁？"

应奉笑笑说："颍川纶氏都亭亭长胡禄，我们曾经在那里喝过水，你怎么忘记了？"

许训听了应奉的话，才猛然想起来，确有这么回事。到这时，许训是彻底信服了，确信应奉的记忆非比寻常。

还有更精彩的呢！一次应奉到彭城去看望朋友袁贺。当他赶去时，恰好袁贺不在，他家大门紧闭。

应奉听到院内有动静，便上前敲门，原来袁贺家正请匠人造车，那匠人打开门，露出半面脸看了应奉一眼。应奉得知袁贺不在，便转身离去。

过了几十年，应奉路遇那位造车匠人，上前与他打招呼，匠人茫然不知在哪里见过这位先生。

应奉说："我就是当年你在袁贺家造车，开门露半张脸看到的那个人！"

不修边幅

东汉时的名将马援字子渊，扶风郡人，是战国时名将赵奢的后代。

当年赵奢屡立战功，被封为马服君，其子孙因此以官为姓，也就都改姓马了。西汉末年，丞相王莽大逆不道，废掉汉孝平帝，自立为帝，改国号为新，不久便天下大乱。

王莽称帝时，马援曾被任命为新城县令。王莽兵败身亡，马援流落西凉，很受当地军事首领隗嚣的信任，隗嚣将他留在那里，相处十分融洽。

刘秀定都洛阳时，整个天下还处于分裂中，没有统一起来，樊崇领导的赤眉军还相当有实力，称帝四川的公孙述还十分活跃。

隗嚣知道自己虽然雄踞西凉，但不具备统一中国的能力，但一时又拿不定主意该向哪方面势力靠拢，一直处于观望选择之中。

这一天，隗嚣找来马援商议。马援认为，需要认真对各方面势力做综合分析后才能最后定夺。隗嚣觉得马援的态度慎重，便派马援为专使到各处考察。

马援与在四川称帝的公孙述是同乡，从小就十分要好，所以马援首先去的地方就是四川。在马援的头脑中，老朋友一见面，定会兴奋异常，畅叙别情。他哪里知道，那是他一厢情愿，公孙述接待他时态度十分严肃，很郑重地按外交礼节把他安排到宾馆，并送去衣帽

【出处】 《后汉书·马援传》。原文：公孙不吐哺走迎国士，与图成败，反修饰边幅，如偶人形。此子何足久稽天下士乎？

【释义】 边幅：布帛的边缘，比喻衣着、仪容。形容不讲究穿着，不注意修整仪表。

等请马援更换。

接见时，公孙述摆出皇帝出行时的全副仪仗，卫士戎装整齐，戈甲鲜明，骑兵排列，数十面旌旗前呼后拥，亲自迎接马援入朝。然后会齐文武百官，由主管礼仪的官员遵照程序，把马援安排在贵宾的位置上，接着又正式任命他为大将军，并封为侯爵。

马援觉得公孙述的一系列举动都像在演戏，十分可笑，便婉言谢绝了。

此事过后，马援对朋友说："现在各路英雄都有一统天下的打算，究竟鹿死谁手一时还难以预料。这时最重要的是招揽各种人才。公孙述不能废寝忘食，礼敬天下英杰，反而刻意装扮，如同木偶，这样怎么会留住人才呢！"

马援看出公孙述不是成就大事业的人，便离开四川，日夜兼程赶往洛阳，去见光武帝刘秀。

刘秀接到通报，说马援来见，立即说声请。

会见时，刘秀对马援无半点儿戒备。马援便怀了几分敬意，他问刘秀：

"陛下，现在各路英雄都欲一统天下，十分不太平，我前来见陛下，陛下无半点儿戒备，就不怕我马援是谁派来的刺客吗？"

刘秀见马援说话坦率，便对他说："我知道你不是什么刺客，但你必定是个说客。你来到我这里是想谈谈天下大事吧！"

话已投机，他们越谈越有兴致，谈话中，马援觉得刘秀很像刘邦，具有为王者的风度和胸怀。当他返回西凉后便建议隗嚣向刘秀靠拢。

后来，马援来到洛阳，由于军功卓著，被刘秀封为伏波将军。

不名一钱

汉文帝有次做梦往天上飞,可费尽力气,还是飞不上去。这时间有一个戴黄帽的男子从背后轻轻将文帝推上了天。文帝回头一看,这个人的衣服是反穿着的,身后还结着一条衣带。

梦醒之后,汉文帝将梦中推他上天的人的衣着打扮牢牢记住,时时暗中察访。

文帝后来遇见邓通,见邓通的穿衣方式与梦中人一模一样,甚至容貌都十分相似,心中分外高兴,当即带邓通进宫,赐钱数十万。

邓通原是个船夫,除驶船之外别无所长,靠的是小心谨慎换取皇帝的欢心。

汉初时期,官员们每五日休假一天,邓通当时已官至上大夫,他常常放弃休假,在宫中陪伴皇帝,为此更加受到文帝宠信。

后来,文帝背上生了一种恶疮,医生称之为痈,经常流脓,弄得文帝苦不堪言。邓通为了减轻文帝的痛苦,常常用口吸吮文帝背痈流出的脓血。每次吸尽脓血后,文帝的疼痛都得到不少缓解。

有一次,文帝问邓通:"你看,天下谁最爱我?"

邓通回答道:"当然是太子了。"

太子刘启进宫探望文帝病情。偏巧邓通不在,文帝觉得很疼痛,便让太子为他吸吮脓血。太子做得很勉强,脸上明显露出为难的神色,文帝为此很不高兴。

后来刘启听说邓通经常这样做,心中大为不满,痛恨邓通的低微。太子将文帝对他的不满完全归结于邓通。

【出处】 汉·王充《论衡·骨相》

【释义】 一分钱也没有,形容贫困到极点。

文帝曾命人给邓通相面。相士预言,邓通将来会穷得饿死。

文帝认为相士胡说八道,恼怒地说:"我是皇帝,倒要看看什么人能让邓通受穷!"

于是文帝将蜀中的一座铜山赐给邓通,特别批准邓通个人铸钱。很快邓通所铸的钱流行天下,由此,邓通富可敌国。如果一个既无杰出才能,又无特殊贡献的人骤然富贵起来,这个人肯定要遭到周围人的妒忌。邓通就属于这类人。

文帝死后,刘启继位,史称景帝,邓通被免职。

事隔不久,朝臣纷纷劾奏邓通贪污公款,景帝下诏将邓通的非法收入全部没收。

邓通的家产被全部充公之后,还欠朝廷一笔巨款,于是连公主赐予的金簪等物一起被当作赃物抄没入宫。邓通马上由全国首富变成了不名一钱的穷光蛋。

邓通衣食无着,只好到亲友家寄食。人由富变穷,一时间饮食难以适应,心理也难以承受,于是更加穷困潦倒。公主得知后经常派人赠送金钱,不料却被时时监督邓通的官吏没收,最终邓通因冻饿而死。

乘兴而来

王徽之是东晋大书法家王羲之的儿子。他为人清高孤傲,不肯与世俗同流合污。传说他在朝廷做官时,从不认真处理政务,整天蓬头垢面,衣衫不整,到处游山玩水。

【出处】 《晋书·王徽之传》

【释义】 指趁着一时的兴致而来。多与"败兴而返"或"败兴而归"连用。

有一次，车骑将军桓冲问他在哪个衙门办事，王徽之想了半天，也没有想清楚，含含糊糊地回答说："好像是在管马的官署吧！"

王徽之很喜欢种竹。有一回他到别人家借住，刚住下来，就让人在庭前屋后到处种上竹子。

人家问他说："你不在这里长期生活，何必要自找麻烦呢？"

他认真地回答说："我宁可三日无肉，不可一日无竹呀！"

后来，王徽之弃官回家，过起隐居的生活。有一天傍晚，天空飘起鹅毛大雪，半夜时雪停天晴。王徽之一觉醒来，推开窗户一看，只见万里晴空上高挂着一轮明月，清冷的月光与皑皑白雪交相辉映，显得更加幽静。

王徽之顿时诗兴大发，让家人摆下酒菜，一边欣赏月色，一边吟起诗来。正在高兴的时候，他突然想起了住在剡溪的好友戴安道，就让人连夜驾起小船，乘着兴致去看望他。戴安道与王徽之性情相似，他弹得一手好琴，朝廷的权贵武陵王曾派人召他去弹琴，他当着来人的面将琴摔碎了，说："戴安道不做王门的优伶！"他与王徽之经常来往，交情非常深厚。

王徽之坐在船上，欣赏着月光下的秀丽风光，想象着与老友会面时弹琴吹箫、吟诗起舞的欢快情景，兴致更加高涨了。但是，第二天拂晓快要到达剡溪时，他的兴致又渐渐低落下去。小船到了戴安道家门前，王徽之无心登岸，吩咐仆人掉转船头。仆人莫名其妙，只好遵命。

后来，有人问王徽之，既然去看戴安道，为什么到了他家门前又折转回来？王徽之笑着说："我本是乘兴而来，兴尽而返，何必非要去见戴安道一面呢！"

惩一儆百

西汉时,山东以南,江苏以北的地方称为东海。东海有个叫许仲孙的恶棍,此人贪婪无毕,残暴异常,又特别好色,一贯横行乡里,作恶多端。

他的邻居有一对年轻夫妇,丈夫是读书人,妻子贤惠而美丽,许仲孙对邻居的良田垂涎已久,他打算以低价买进来。一天他亲自来到邻居家,进门就说:"那么好的土地,你们既不会种,又不会管,还是卖给我吧。"

书生说:"土地是祖上遗产,又是我的衣食父母。卖给你,我靠什么活呀,不卖。"

许仲孙满以为只要他说句话,书生会老老实实地把土地让给他,万万没想到的是,书生态度十分强硬,一口回绝,根本不留商量余地。

许仲孙勃然大怒,挥拳就打,书生力弱抵挡不住,被打得大呼小叫。惊动了里屋的妻子,跑出来看个究竟。许仲孙立即被眼前的美人所打动。

他停止殴打,眼睛瞪得发直,甚至忘记了来此地的目的。过了好一会儿,许仲孙才说:"地我不买了,把这个美人送给我当小妾吧。"

书生和妻子听了许仲孙的话,气得发抖,大骂许仲孙是人面畜生,许仲孙打死了书生,抢走了书生的妻子。他们在争吵打斗时,惊动了邻居来围观,但没人敢劝阻,事情过后,书生的弟弟到县里告

【出处】 《汉书·尹翁归传》
【释义】 指惩处一人,借以促使众人觉悟而不犯错误。

状。县里派人调查,许仲孙花了些钱,上下打点一番。杀人抢人的大案居然渐渐消化于无形之中,许仲孙从此越来越嚣张起来。东海太守一连换了好几任。他们也或多或少听到过许仲孙的劣迹。但都不愿多惹麻烦,没有惩办他。老百姓对许仲孙恨之入骨,但又毫无办法。

尹翁归出任东海太守,他到任后立即发出文告。严禁官吏收受贿赂,并定期到所属各县去巡视。他巡行期间收到许多告状信,控诉许仲孙的种种暴行。尹翁归决定在秋季官员集会的时候,处决许仲孙,起到杀一儆百的震慑作用。

后来,许仲孙被当众斩首,坏人再不敢胡作非为,东海大治。

大腹便便

东汉末年,陈留这个地方出了一位叫边韶的人。他不仅多才多艺、学问好、文章好,而且待人和气,又非常诙谐。

边韶,字孝先,以教书为生,每日诲人不倦。若是谁劝他出去做官,他便皱起眉头,将头摇来摇去,一百个不愿意。由于他育人有方,附近州县几百里的人们都仰慕他的人品和学识,纷纷将子弟送到他这里来学习。

他对学生非常和蔼,从不疾言厉色。他们既是师生,又是朋友,常常在一起相互交流思想,关系特别融洽。人们都说他有孔夫子的

【出处】《后汉书·边韶传》。原文:边孝先,腹便便,懒读书,但欲眠。

【释义】腹:肚子。便便:肥大的样子。形容肚子肥大凸出的样子。原多用以形容剥削者的丑态。后也指饱食终日无所用心的人或生活安乐的人。

风范。

边韶厌恶做官,但皇帝曾前后几次颁发诏书,要边韶进京为官。当时朝政由十常侍把持,他们欺上压下,许多正直的大臣都被他们杀掉了。一时间,朝廷被弄得乌烟瘴气,文武大臣们敢怒不敢言。

看到朝政如此黑暗,边韶不愿被卷入政治漩涡,更不甘心在十常侍把持下的朝廷做官。

所以每次他都委婉地推辞了。不料边韶的推辞引起了地方官的不满,他们派人威胁边韶说,如果再不奉命进京做官,就要将他抓起来押送京城。边韶不愿做官,更不愿坐牢,于是一走了之,躲到朋友家去避灾祸去了。

边韶躲出去不久,朝廷又发生大事,十常侍有恃无恐杀死了大将军何进。有一定势力的袁绍实在忍无可忍,便带兵进宫,杀了十常侍。

大患已除,朝野上下一片欢庆。文武大臣们可以安心为官,朝政也得到治理,百姓们的生活也安定了。

朝廷一有变动,州县也随之而动,陈留太守也更换了新人。新官上任后,果然将边韶的事丢到了一边。

至于他几次推辞朝廷要他做官的事也就没有人再提起,他便悄悄回到陈留,重操旧业,以育人为乐。

人们听说边韶又回到家乡,便纷纷来宴请他,为他接风洗尘。今天王家找,明天李家邀,后天又是张家请,赵家一时排不上,心里就有些不痛快。但边韶会劝慰人,几句话就让赵家的人乐呵呵地等着,而且酒饭准备得比任何一家都好。

边韶身材肥胖,肚子特别大,于是,他每天挺着大肚子,出东家进西家四处赴宴,所到之处都是笑声一片。

这一天,终于轮到了赵家宴请他,好酒好菜,边韶不禁多喝了几杯,这一多喝可不要紧,他回到家睡了整整一夜酒劲也没过去。

第二天,他倦意犹存,刚为学生们讲了几句《论语》,便支撑不住了。大白天,他回到房中和衣而卧。

　　众弟子见边韶双手抚着大肚皮,仰面大睡,很舒畅地打着酣声,大肚皮随着酣声起起伏伏,觉得十分可乐,有个调皮的学生编了几句顺口溜来嘲笑边韶,他们唱道:"边孝先,腹便便,懒读书,便欲眠。"

　　边韶听了弟子们的顺口溜,也顺口开了个玩笑,他吟道:"边为姓,孝为字。腹便便,五经笥。便欲眠,思经事。寝与周公通梦,静与孔子同意,师而可嘲,出何典记?"

　　他以幽默的口气批评弟子们,弟子们更加尊重边韶。

暗送秋波

　　公元188年,汉灵帝因病死去,汉少帝即位,朝政由十常侍操纵。

　　大将军何进为了铲除十常侍,愚蠢地下令给凉州刺史董卓,命他率兵进京。十常侍杀死何进,后他们又被袁绍所杀。

　　此时,董卓率大军迁入京城洛阳。他废掉少帝,另立陈留王为帝,自封丞相,独揽朝政,任意妄为。他杀人无数,随意处置对他稍有不满的大臣,一时朝野上下人神共怒。

　　司徒王允看到这一切心急如焚,愁得寝食俱废。

　　一天夜里,王允扶着手杖在后花园中踱步,想起董卓专权,朝纲紊乱,危及社稷,不禁仰天长叹。忽然发现府中的歌妓貂蝉正在牡丹亭畔垂泪。

　　貂蝉自幼被王允收养,一直视为亲生女儿,她生得冰肌玉骨,花容月貌,十分为王允所喜爱。王允见貂蝉垂泪,便走上前去问道:

　　【出处】 《夜行船·别情》

　　【释义】 秋波,形容女子的眼睛清澈明亮似秋天的水波。比喻美女暗中以眉目传情;也比喻暗中讨好别人或暗中勾搭。

"深更半夜,你为何独自在这里长吁短叹?"

貂蝉见王允来问,便忧伤地说:

"我见大人近日总是愁眉不展,想是在忧虑国家大事,妾身不敢动问。我自幼蒙大人收养,一直无以相报。只要大人需要,貂蝉赴汤蹈火、粉身碎骨也在所不辞!"

听了貂蝉的话,一条计策忽然撞上王允的心头,他对貂蝉说:

"目前国贼董卓弄权,百姓深受倒悬之苦,国家有累卵之危,非你不能挽救危局。"

说到这里,王允看着貂蝉,见她一腔坚毅,确有不辞万难之态,便接着说道:

"董卓心怀篡逆,文武百官无计可施。董卓有一义子,名叫吕布,此人武艺高强,英勇无比。但他与董卓一样,也是个好色之徒。我今用'连环计'先将你许配给吕布,然后,再将你献给董卓。到董卓身边之后,你见机行事,从中挑拨离间,让他们父子反目成仇,让吕布在一怒之下杀死奸贼董卓,这样国家才能从此太平。不知你肯是不肯?"

貂蝉听了王允的话,义无反顾地答道:

"既是为了国家,上安社稷,下抚百姓,我万死不辞!请大人照计行事,貂蝉惟命是从!"

第二天,王允将吕布请到府中,送给他一顶束发金冠,吕布万分感谢。王允摆下酒宴款待吕布,席间王允唤出貂蝉为吕布斟酒。

吕布此时醉眼惺忪,看到 位天仙般的女子从后堂走出为自己斟酒,真是喜上心头;他再仔细看看貂蝉,真是天香国色,顿生爱慕之心。

吕布频频用目光表达自己的心意,貂蝉更是心领神会,也用眼睛暗暗传递感情(暗送秋波)。二人眉目传情,一时撩拨得情浓意切。

王允将这一切看在眼中,便对吕布说:

"将军如果喜欢小女,我就将她许配给你为妻。"

吕布大喜过望,立即答应下来。随后,王允又将貂蝉送与董卓,并对吕布说是董卓强抢而去。于是王允与吕布定计除掉了董卓，貂蝉回到了吕布身边。

兵不厌诈

公元前 633 年，楚国攻打宋国，宋国向晋国求救。第二年春天，晋文公派兵攻占了楚的盟国曹国和卫国，要他们与楚国绝交，才让他们复国。楚国被激怒了，撤掉对宋国的包围，来和晋国交战。两军在城濮(今山东鄄城西南)对阵。

晋文公重耳做公子时，受后母迫害，逃到楚国，受到楚成王的款待。楚成王问重耳以后如何报答，重耳说：

"美女、绸缎等等，您都有了，我能给您什么呢?假如托您的福我能回国执政，万一遇到两国发生战争，我就撤退三舍（一舍为三十里)。如果楚国还不能谅解，双方再交手。"

为了实现当年的诺言，晋文公下令撤退九十里。楚国大将子玉率领楚军紧逼不舍。

当时，楚国联合了陈、蔡等国，兵力强；晋国联合了齐、宋等国，兵力弱。

应该怎样作战呢?晋文公的舅舅子犯说："我听到过这样的说法：对于注意礼仪的君子，应当多讲忠诚和信用，取得对方信任；在你死我活的战阵之间，不妨多用欺诈的手段迷惑对方。你可以采取欺骗敌军的办法。"

【出处】　《韩非子·难一》。原文：战阵之间，不厌诈伪。

【释义】　厌：厌弃，排斥。诈：欺骗对方。兵：用兵打仗。用兵打仗不嫌弃用欺诈的办法迷惑敌人，也泛指用巧妙手段欺骗人。

晋文公听从了子犯的策略，首先击溃由陈、蔡军队组成的楚军右翼，然后主力假装撤退，引诱楚军左翼追赶，再以伏兵夹击。楚军左翼大败，中军也被迫撤退。

这就是历史上著名的以弱胜强的城濮之战。晋国取胜后，与齐、鲁、宋、郑、蔡、莒、卫等国公盟，成为诸侯霸主。

重于泰山

汉武帝年间，名将李陵率五千步军从居延（今甘肃额济纳旗西北）向北挺进千里，方与匈奴遭遇。双方接战之初，李陵大胜，杀得匈奴骑兵马翻人仰。

匈奴单于见初战不对，李陵宛如天神下界，便下令集中全国射手和左、右贤王的主力十万精锐将李陵围住。激战八天，汉军死伤殆尽，李陵力尽被俘。

匈奴首领敬重李陵，劝李陵归顺。李陵认为，活下来或者还能为汉朝做更大的事情，就违心答应下来。

汉武帝先收到李陵获胜的军报，文武一齐向武帝道贺，宫中大摆盛筵，一派喜庆景象，很令人振奋。继而又传来汉军几乎全军覆没，李陵被俘投降的消息，汉武帝食不甘味，睡不安席。文武百官提心吊胆，深恐触犯龙颜。

紧接着，武帝下诏，将李陵一家，不分老幼，满门下狱，听候处分。

司马迁当时任太史令，他对李陵的为人十分敬重。知道李陵是廉洁奉公，敢于为国捐躯的铮铮铁汉，绝非贪生畏死之辈。他认

【出处】 汉·司马迁《报任少卿书》
【释义】 比喻意义很小，非常贵重。

为李陵之所以投降，肯定另有一番隐情。总之司马迁不同意汉武帝对李陵家属严厉处罚。但这种想法只能藏在司马迁的心里，他认为自己官卑职小，不足以改变汉武帝的决定。所以，他只能保持沉默。

后来，司马迁因公事面见皇帝，汉武帝问起了司马迁对李陵一事的看法。司马迁不会说假话，很坦然地说出了自己的看法。结果惹得汉武帝勃然大怒。武帝认为司马迁替李陵辩解实际是贬低李广利，而李广利正是武帝的庞臣。这并非他有什么本事，而是因为他是武帝爱妃的哥哥。

李广利这种裙带关系让司马迁倒了大霉。只是因为说几句公道的实话，就被处以腐刑。这种刑罚不仅残忍，而且侮辱人格。司马迁几乎想自尽。

司马迁受了这种奇耻大辱，能够坚强地活下来，支撑他的精神动力就是将《史记》写完。这个想法在他的《报任安书》中得到了充分的体现。他写道："人免不了一死。有人死得比泰山还重（或重于泰山），有人死得比鸿毛还轻。"

司马迁没有自杀，他忍辱负重，经过十数年的努力终于完成了我国第一部纪传体通史——《史记》，为人类留下一笔宝贵的文化遗产。

予取予求

申国在春秋前期是个弱小的国家,楚文王灭亡了它。

申侯,据说是楚国女子嫁到申国所生,所以楚文王对他非常宠信。此人贪得无厌,只知一味在楚王面前巴结奉承,楚国贵族里的很多人,早就讨厌他,无奈楚文王对他百依百顺,人们害怕他在楚王面前挑拨是非,会给自己招灾惹祸,所以对他也只能敢怒而不敢言。

楚文王快要死的时候,把申侯叫到跟前,将一块玉璧赐给他,并对他说:"你在我身边这么些年,我虽然很喜欢你,处处护着你,但我也最了解你。你这个人啊,占有大量的财物却永远不知道满足,贪心太重了!这些年来,予取予求(你从我这里求取这个,求取那个),我从来都满足了你的要求,我倒也不挑剔你,睁一只眼,闭一只眼就是了。现在,我心里知道,我是活不了多久了。日后,人们岂能像我这样对待你呢?他们将会苛刻地要求你,并向你索取大笔的钱财。你的罪过必定是免不了的。所以,我死以后,你一定要快点离开楚国,逃出去。但千万不要逃亡到小国去,因为他们没有足够力量保护你,不会容纳你的。"

楚文王安葬以后,申侯便逃到郑国去了。申侯到郑国以后,又受到郑厉公的宠信。

公元前656年,齐桓公带领各路诸侯的军队攻打蔡国,接着又攻打楚国。楚国派屈完在召陵与诸侯订盟。齐国军队将要撤回本国去。这时,郑国国君是郑文公。

【出处】 《左传·僖公七年》

【释义】 原指从我这里求取财物,后指任意求取。

陈国的辕涛涂对正在郑国当大夫的申侯说："齐国大军来回都经过郑、陈两国，我们供应那么多粮草物资，实在太困难了。如果他们往东沿着海边回国就好了。"申侯说："这样很好。"于是辕涛涂代表两国向齐桓公建议，桓公同意了。但两面三刀的申侯又跑到齐国去讨好，要求齐国军队从郑、陈两国之间回去，并保证供给粮草军需等等。齐桓公很高兴，硬让郑文公将郑国的要地虎牢赏赐给了申侯，而把辕涛涂关押起来。

后来，辕涛涂因为对申侯在召陵出卖他这件事心怀怨恨，便利用申侯的贪欲怂恿他说："把你的虎牢城筑得美观一些，这样可以扩大你的名声，子孙后代也不会忘了你。我可以帮你在国君面前请求这件事。"申侯果然把虎牢城墙筑得非常美观。

辕涛涂便借机对郑文公说道："虎牢城本来是个险要之地，如今申侯又把城墙修筑得那么美观，这是打算要叛乱啊！"

申侯从此得罪了郑文公。两年以后，郑文公杀了申侯。楚国的子文听到申侯被杀的消息后，感慨地说："古人云：'谁也不如国君那样清楚地了解他的臣下。'这句话真是至理名言啊！"

乌合之众

王莽灭亡，刘玄称帝后，天下并不太平，企图称王称霸的大有人在。有一个汉家宗室的子弟叫刘林，拿出家产，招募壮丁，找了一个算命先生王郎，冒充汉成帝的儿子，到处招摇撞骗。刘林自任丞相，立王郎为天子，向临近的州郡发出通告。远远近近的人因为不明真假，都把王郎当作汉家的天子，王郎的势力突然壮大起来，远远超过

【出处】　《东观汉记·公孙述传》
【释义】　比喻临时杂凑的、毫无组织纪律的一群人。

了大司马刘秀。

王郎处心积虑要消灭刘秀的部队，四处围追堵截，悬赏要他的脑袋。刘秀走投无路，准备暂且往南方避一避。

这时，有一个年方二十一岁的青年，叫耿弇(yǎn)，他善骑射，懂兵法，也带了一小股人马在外闯世界。一天，他们在行军路上忽然遇上了王郎的部队，对方声势浩大，好不热闹。耿弇的部下孙仓、卫包顿时动了心，急忙与耿弇计议。孙仓说："王郎人多势众，咱们归顺他一定有前途。眼下放着这个千载难逢的机会，要是错过了才后悔哩。"

耿弇火冒三丈，吼道："王郎是个江湖骗子，别看他眼下人多势众，可他的部队军纪败坏，完全是一帮乌合之众，我将来有了兵马，打垮他的部队不过是摧枯拉朽而已！"

孙仓、卫包不听耿弇的话，去投奔了王郎。耿弇则投奔了刘秀，刘秀非常器重这个年轻小伙子。后来，耿弇果然率兵打败了王郎的军队，被刘秀封为偏将军。

外强中干

晋献公死后，里克杀死幼主奚齐，消息传到正客居秦国的晋公子夷吾耳中，他觉得时机到了，自己回国为王的大路已铺好了，高兴得彻夜未眠。

【出处】　《左传·僖公十五年》。原文：乱气狡愤，阴血周作，张脉偾兴，外强中干；进退不可，周旋不能。

【释义】　干：竭，尽，空。原指别国产的马由于人地不熟，作战时一紧张，马的外貌看起来强壮，内部却已气力枯竭。后泛指人或事物表面很好很强大，内里却很差，很空虚。

第二天,夷吾立即求见秦穆公,对穆公说:"现在晋国没有国君,我应该义不容辞地回去安定晋国,请求大王借我战车千乘,甲士三千,将来我会重重地答谢大王。"

秦穆公问道:"我想知道将来公子答谢我的具体办法!"

夷吾说:"大王,我若当了晋国国君,送给大王五座城池,您看如何,这礼物还够分量吧!"

秦穆公说:"好,我们一言为定,我希望你能守信用。"

夷吾如愿以偿,果然当上了晋国国君。但坐稳王位后,他又觉得白白给秦穆公五座城池心里不好受,便有意将事情拖了下来。

秦穆公虽然有那种想法,但也没有真正打算白要晋国的那五座城池,这件事无人提及,也就渐渐被人淡忘了。

第二年,秦国发生了大旱灾。秦穆公为解燃眉之急,派人到晋国去借粮。这时已经成了晋惠公的夷吾,不但一口拒绝了秦国的请求,而且还说了许多对秦国不友好的话。

秦国的使臣带了一肚子怨气空手而回,把在晋国的遭遇向秦穆公报告,秦穆公对晋惠公的言行感到无比气愤。这时,秦国的大臣对秦穆公说:"大王,晋惠公也太不像个君王了,当年如果不是我们借兵给他,他也当不了国君,而且他当年答应我们的五座城池也没有给我们,大王应该马上兴兵教训教训这个小人。"

秦穆公听了大臣的话,也觉得这口恶气实在难以咽下,于是亲自率领大军,浩浩荡荡直扑晋国。秦军上下含怒而来,作战格外英勇,大军一出师,便势如破竹,不几日就已兵临晋国京城韩城之下。

自不量力的晋惠公羞辱走秦国使臣,心中也忐忑不安。这一天,有人来报:"秦穆公亲率大军讨伐晋国,现已兵临城下。"晋惠公惊慌失措,于是点起兵马,准备与秦军大战。大战之前,晋惠公让人换上郑国送来的战马驾车。

大臣郑庆知道郑国的这些战马是只能看不能用,便劝说道:"过去打仗都用我们自己的马来驾车。本国的马熟悉道路,适应环境,驾驭起来得心应手,进退指挥自如,打起仗来才能自如。现在用郑国的马驾车,情况可就大不一样了。郑国的这种马表面强壮,胆子却小(外强中干),一旦临阵,它们就会惊恐不安,失去常态,不但不听指挥,而且还狂奔乱叫。到时候,您要前进,它偏后退;你要后退,它却冲锋,岂不危险至极。"

晋惠公根本不听郑庆的劝告,坚持换郑国送来的马驾驶战车。大战展开了,晋惠公的马被吓得咴咴乱叫,拖着战车到处乱撞,最后将战车拖入泥淖之中,进退不得。晋惠公大声呼救,还没等晋军赶到,他早已成了秦穆公的俘虏。

同流合污

《论语》、《孟子》在我国历来被奉为儒家学说的经典著作。这两部书中,重点讲的是修身、治国的理论,其中也有部分内容涉及如何观察人、了解人,让人们对这些方面有所掌握。

孟子有个弟子叫万章。有一天,孟子与万章师生二人共同讨论孔子为人处世的准则。因为当时人们对这个问题都非常感兴趣,特别是在诸侯群雄争霸中,各国国君都聘有学问的人去为他们担当顾问,于是如何为人处世就提到了议事日程上。

万章认为,既然孔子一生中一贯主张实行中庸之道,那么对于言行过于激烈,有违中庸准则的人就应该持反对态度,但《论语》中却记录了孔子受困陈国,怀念言行偏激的人的事实。

于是,万章不解地向老师孟子请教说:"孔老夫子在陈国时,曾一度思念鲁国那些行为比较狂放的人,我真不理解这是为什么,请

【出处】 《孟子·尽心下》。原文:同乎流俗,合乎污世。

【释义】 流:流俗,不好的风格。污:混浊的世道。原指没有独立人格的,顺从世俗。后也指和坏人一起做坏事。

老师为我解释一下?"

孟子听了万章的话,知道他是真想将这个问题弄明白,便对万章说:"狂放的人在讲话做事时确实有时把握不住分寸,往往显得很过火,但我们在看到这一点的同时,还应该注意到另外一个方面,那就是,这些人的精神都是积极向上的。当然,我们能与言行都恰到好处的人交朋友是最好不过了,只可惜,生活中这样的人太少了,所以我们只好退而求其次,与那些言行狂放的人做朋友。"

孟子认为自己已经将孔子怀念狂放的事说清楚了,便接着阐述孔子交朋友的标准:"孔老夫子只接触三种人,第一种是言行符合中庸的人;第二种是狂放的人;第三种是不做坏事的人。那么,你知道孔老夫子最痛恨和最瞧不起的是什么人吗?"万章听了,摇摇头。

孟子接着说:"那就是好好先生。这种人,即使从孔子的家门口经过都不去看他,他事后都不感任何遗憾。"

万章听说孔子如此看不起好好先生,但不知道好好先生是怎样一种人,便急忙问孟子:"先生,孔老夫子所说的好好先生到底是怎样一种人呢?他为什么令孔老夫子如此讨厌?"

孟子解释说:"这种人嘴上说一套,实际做一套,不求有什么大的作为,只求敷敷衍衍,能过得去就心满意足。他在与别人相处时非常油滑,能做到四面玲珑,八面讨好。"万章点头称是,这种人他的确接触过。

孟子又说:"这种人也很难对付,你要批评他吧,又举不出他什么明显的错误;想要责骂他呢,又抓不住确凿的证据。这种人的圆滑世故就在于他的所作所为迎合时尚,屈从风俗(同乎流俗,合乎世污),表面忠厚老实,内心自私自利,不问是非曲直,只计利害得失,而且大多数人对这种做法都很欢迎。这是与中庸之道完全背道而驰的,所以孔子最瞧不起这种人。"万章又点了点头,表示理解了其中的意义。

身先士卒

《三国演义》第七十二回"诸葛亮智取汉中,曹阿瞒兵退斜谷"写道:魏将徐晃不听王平苦谏,率军渡汉水,被蜀将赵云、黄忠击败。徐晃退回寨中,却迁怒于王平,想杀他,王平当夜放火烧营,投了刘备。

曹操听后怒不可遏,亲率大军来夺汉水营寨,接连两日挑战,蜀营一人不出。而到了深夜,诸葛亮巧用疑兵之计:放炮击鼓,佯作劫营之势,搞得曹军不得安睡;一连三夜,夜夜如此,曹操无奈,拔寨退兵三十里。

接着,诸葛亮又令张飞、魏延分兵两路,断了曹军粮道。这下激怒了曹操,便摆下阵势,要与刘备决战。

刘备派刘封迎战。刘封挺枪而出,直取曹操。曹操阵中徐晃出阵,未斗几合,刘封诈败而逃;曹操引军追赶。这时蜀兵营中四声炮响,号角齐鸣。曹操恐有埋伏,急令退兵,曹兵自相践踏,死伤无数。

曹操刚刚退回阳平关,喘息未定,蜀兵已赶到城下,东门放火,西门呐喊,南门放箭,北门擂鼓。曹操吓得灵魂出壳,急忙弃城而走。

曹操正逃之间,忽然前有张飞引一路兵马拦截,后有赵云带一路兵马杀来,侧面又有黄忠拦腰截杀,曹军大败。诸将掩护曹操夺路而逃,十分狼狈。

刚逃到斜谷界口,却见前面尘土飞扬,又有一路兵马呼喊而来。曹操惊道:"这若是伏兵,我命休矣!"待到近前,才发现是自己的次子曹彰前来救驾,曹操惊魂方定。在曹操的几个儿子中,曹彰夙有异志,绝不像曹植那样文弱。他小时候就善于骑马射箭,争强斗狠。他

【出处】 《三国志·吴书·孙辅传》

【释义】 作战时将领冲在士兵的前面。

力气很大,能空手与猛兽搏斗。

有一次曹操对他说:"你不愿攻读经史,只知玩弓骑马,那可是匹夫之勇,很难成就大事业呀!"曹彰却不以为然,回道:"大丈夫当率兵数万,驰骋疆场,威震天下,怎么能捧着书本死记硬背呢!"

曹操又问他:"当将军,应该怎样去做?"曹彰回答说:"披坚执锐,临难不顾,身先士卒。"意思是:身为将帅,作战时应当身披铠甲,手执利刃,不怕危险,冲在士兵的前面,给士兵做出榜样。曹操听了这番议论,心里暗自高兴。

建安二十三年(公元218年),代郡的乌桓叛乱,曹操即命曹彰率五万兵马前去讨伐。临行时,曹操告诫他说:"在家里,我们是父子;现在你受令讨贼,我们就是君臣关系了。军法森严,不讲情面,你务必牢记在心!"曹彰按照自己一向的观点治军为将,在战斗中冲杀在前,大大鼓舞了士气,很快就平定了北方的叛乱。

眼下,曹操被曹彰救下,喜不自胜。回到曹彰营寨,设宴为儿子庆功,并整顿兵马,准备和刘备再战。

失之东隅,收之桑榆

冯异是东汉著名的将领,他精通兵法,足智多谋,跟随光武帝刘秀南征北战,立下赫赫战功,因而深得刘秀的器重。

冯异治军有方,屡立战功,但他为人谦虚,从不居功自傲。每次战斗结束,别的将领们都围坐在帐中夸耀自己的功劳,只有冯异一个人

【出处】 《后汉书·冯异传》。原文:始虽垂翅回谿,终能奋翼黾池。可谓失之东隅,收之桑榆。

【释义】 东隅:指日出处。桑榆:指日落时所照处。早晨丢失了,傍晚得到了。后用来比喻初虽有失,而终得成功。

悄悄地独坐在大树下，一言不发。因此，三军将士都很钦佩他，称他叫"大树将军"。刘秀称帝后，封冯异为征西大将军，命他率军会同邓禹、邓弘军队一同西进，讨伐占据在关中地区的赤眉军。

当时赤眉军屯兵二十万，兵势强大。冯异审时度势，建议先派人去赤眉军中诱降，涣散敌人军心，然后由邓禹、邓弘二将领军打击东边敌人，自己率军西进，对赤眉军两边夹击，方可确保战斗的胜利。但邓禹、邓弘二将求功心切，没听冯异的劝告，仓促领兵攻击赤眉军，结果大败而归，损兵三千。

冯异闻讯，忙率军转移，等候战机。几天之后，冯异在渑池设下埋伏，让手下士兵换上赤眉军的装束，藏在路旁，诱敌深入。赤眉军入了圈套，冯异一声令下，顿时伏兵四起，杀得赤眉军人仰马翻，四散奔逃。渑池一战，冯异消灭了八万敌人，大获全胜。

这个捷报传到京城，刘秀立即写了一封诏书，送到前方表示慰问。刘秀在信中说："击败赤眉，将士非常辛苦。虽然初战失利，最终则获胜。好比说虽然失去了东方日出的阳光，却在桑树榆树上得到了落日的光辉（失之东隅，收之桑榆）。"

螳螂捕蝉，黄雀在后

春秋时期，长江下游的吴国逐渐强大起来，而位于长江中游的楚国，成为吴国的竞争对手。为了扩大自己的领土，吴王又命人筹集粮草，调兵遣将，准备攻打楚国。他害怕大臣们的劝谏会动摇自己的决心，就严厉地警告左右的文武大臣们说："谁要是敢来劝阻我攻打楚国，杀无赦！"

【出处】　《庄子·山木》

【释义】　比喻只图眼前利益，却不知祸害即将来临。

大臣们估计了一下吴、楚两国此刻的经济与军事力量，认为吴王伐楚，纯属心血来潮，非但没有胜利的把握，反而要造成国内空虚，给别国以可乘之机。闹得不好，就会搬起石头砸了自己的脚。所以，都很想劝吴王不要蛮干。但是，吴王有言在先，谁也不敢以自己的性命去进谏。

吴王的侍从中，有一位胆识超群的年轻人，他左思右想，考虑再三，最后决定不顾个人安危，谏阻吴王伐楚，以免国家败亡。但他十分清楚，如果直截了当地劝说，非但不会成功，而且会招致杀身之祸。要使吴王回头，必须采取迂回曲折的方法。

第二天，天刚亮，年轻人就背上弹弓，揣上弹丸，来到吴王经常散步的花园，在树底下穿来穿去，不时地抬头东张西望，好像在寻找什么。露水打湿了衣服，他也毫不在意。就这样，年轻人连续三个清晨都在这里转悠。

吴王也看见了这个青年，十分纳闷，就令人把他召了过来，问道："你每天早晨拿着弹弓，在孤的花园里干什么？连衣服被露水打湿了也不管不顾，你何苦如此呢？"

年轻人淡然一笑，回答说："陛下，后花园有一株大树，树上有一只蝉，它一边尽情地喝着露水，一边得意地鸣叫。可是，它不知道有一只螳螂正跟在它的身后，悄悄举起前爪，准备捕捉它，饱餐一顿。然而，螳螂也不知道，有一只黄雀正在它的头上紧紧盯住它，随时准备扑过去，将它吃掉。可是，黄雀哪里想到我正在树下，拿着弹弓瞄准了它，准备把它杀掉。"

吴王听到这里，禁不住插嘴说："那黄雀挺美丽的，叫起来也悦耳动听，你把它杀了，未免太可惜啦！"说着，脸上流露出十分惋惜的神情。年轻人并不回答吴王的话，接下去严肃地说："那蝉、螳螂、黄雀，都是只顾眼前利益，而没有考虑到祸患就在它们的身后潜伏着。大王，如果人也同它们一样，做事目光短浅，那可就太危险啦！"

吴王听到这里，恍然大悟：原来他是在讽喻我，这家伙真聪明！便说："你说得很有道理，很对呀！"于是，他就打消了伐楚的念头。

三十六计，走为上计

王敬则是南北朝时期南朝齐国的一位忠臣。他曾为齐高帝萧道成登上皇位立下过汗马功劳，因此他十分受朝廷的器重。

过了数年，齐高帝萧道成去世，武帝继位，而武帝也是位短命的皇帝，他死后昭业继承了皇位。

由于连续有皇帝死去，使得人心浮动，许多人都想争夺皇位。不久，萧鸾采取阴谋手段，杀死了新继位的昭业和他的弟弟昭文，自己篡得帝位，登上皇帝宝座，号称明帝。

萧鸾登上皇位后，心中十分不安，猜疑自己的兄弟和后辈们随时会有人出来推翻他的统治，将他赶下台去，于是他非常残酷地杀死了齐高帝萧道成的二三十个儿孙。

不仅如此，萧鸾也没有放过齐高帝时的那些文武老臣，将他们一个个都除掉了。王敬则当然也不例外，成了萧鸾的重心腹大患。

萧鸾表面上对王敬则非常敬重，待他十分优厚，可内心却无时无刻不在提防着他，并派出专人监视王敬则的行踪，了解他的情况，深怕王敬则反对自己。当时王敬则任会稽太守，远离朝廷，这使萧鸾极不放心，怕王敬则起兵谋反。

一天，萧鸾将王敬则在都城的儿子王仲雄召进宫中，递给他一把焦尾琴，并对他说："我听说你琴弹得非常好，现在你来为我弹一曲吧！"

【出处】 《南齐书·王敬则传》。原文：敬则曰："檀公三十六策，走是上计。汝父子唯应急走耳。"

【释义】 计谋。指事态难以挽回，别无妙计，只有一走了事。

　　王仲雄听了皇帝的话,动手调准琴弦,一边弹一边唱。他唱的是一首民谣,他唱道:"常叹负情侬,郎今果行许……君行不净心,那得恶人题!"

　　萧鸾听了王仲雄唱的这支曲子,心中更加疑虑,对王敬则父子愈加不放心,立即派张瑰为平东将军、吴郡太守,领兵秘密监视王敬则。王敬则听到这个消息,十分气愤,他狠狠地骂道:"你这个萧鸾也太不仗义了,我为你祖上坐皇位出生入死,而今落个被监视的下场,我保你还有何用?"

　　于是王敬则决意反叛,率领大军向京都建康进发。王敬则的一万兵马,渡过钱塘江,一鼓作气冲散张瑰的三千守兵,张瑰吓得望风而逃。百姓们听说王敬则举旗反萧鸾了,于是纷纷操起锄头、铁锹,跟着王敬则的军队作战,最多时竟达十几万人。他们占领沿途各县,杀掉大小官吏,直逼京口。

　　此时,萧鸾正病卧在床,听说王敬则起兵反叛朝廷,万分惊恐,满朝文武也无不失魂落魄。

　　他们知道,王敬则是被萧鸾所逼才反叛的,他一旦开了杀戒就决不会善罢甘休。萧鸾不能起床,便命儿子萧宝卷派人爬到宫殿的顶上去瞭望。这一看更使他吃惊不小,只见征虏亭上火光冲天,他们以为王敬则的军队已打到京城了呢!萧宝卷吓得连衣服都顾不上换就要逃跑。

　　这件事后来传到王敬则的耳朵里,他不无得意地说:"嘿嘿,三十六计,走为上计,我料他萧鸾父子惟有逃跑这条路啦(檀公三十六策,走为上策,计汝父子唯有走耳)。"

　　可是,王敬则因寡不敌众加上被河水所阻,遭到失败,他自己也被守军诛杀。

忍辱负重

关羽率荆州兵北伐曹魏，没有料到被东吴大将吕蒙钻了空子。吕蒙趁荆州空虚，一举袭取荆州成功。

关羽见荆州要塞失守，立即回兵援救，不想自己陷入腹背受敌的境地，慌忙中被东吴的伏兵活捉。堂堂的关羽哪里遭受过如此失败，不屈而死。

消息传到蜀国京城成都，刘备大为震怒，立即尽起全国六十万精兵讨伐东吴，为关羽报仇。

这时，为东吴夺回荆州的吕蒙已染重病在身，不久便死去了。孙权看到吕蒙死去，便仰天长叹道："我吴国周瑜死后有鲁肃，鲁肃死后有吕蒙，现在吕蒙也死了，以后谁还能与我一起分担忧愁呢！"

谋士阚泽看孙权如此忧愁，便对他说："主公不要过于忧伤，陆逊可为大将。前次攻取荆州就是采用陆逊的计策才获得胜利的。就我们吴国目前而论，没有谁能比他担任大将更为合适了。"

孙权认为阚泽的话很有道理，当即任命陆逊为大都督，统率三军与刘备决战。

孙权的这一任命引起东吴许多老将，如周泰、韩当、朱然、徐盘、丁奉等人的困惑不解，他们认为无论从年龄还是资历诸方面来衡量，陆逊都没有出任三军统帅的资格。但孙权的命令已经下达，不容更改，他们只好十分委屈地在陆逊帐下听令。

陆逊见蜀军兵多将广，士气旺盛，便命令吴军避免正面交锋，凭

【出处】 《三国志·吴书·陆逊传》。原文：国家所以屈诸君使相承望者，以仆有尺寸称，能忍辱负重故也。

【释义】 负：担负。忍受屈辱，承担重任。

险固守。任凭蜀国的军士阵前辱骂，坚决不与之交战。东吴的老将们误认为陆逊胆小，纷纷要求出战迎敌。孙权的侄子孙恒自恃英勇善战，血气方刚，不经请示就率军出战，结果被蜀军困在一座孤城之内。

韩当、周泰见孙恒被困，强烈要求陆逊发兵去救，陆逊毫不犹豫地否定了他们的意见。

周泰等老将见陆逊见死不救，便出口不逊辱骂陆逊，表现出强烈的不满，甚至出现了违抗军令的倾向。

陆逊这时觉得事态严重，不治一治他们就无法统领三军，大有申明军法的必要。于是，他召集众将开会。陆逊手按腰中宝剑，非常严肃地说："刘备是当代英雄，很会用兵，连曹操都怕他三分。这次他亲自率领六十万精兵而来，决心与我们一决雌雄，我们万万不可掉以轻心。我初任三军统帅，所以希望各位将军能以大局为重，与我同心协力，共歼强敌。"

陆逊说到这里，用眼睛向四周环视了一下，接着语重心长地说道："我这样要求诸位绝不是为了我陆逊个人的功名利禄，而是为了国家的利益。主公命我为大将，就是因我还有值得称道的一点才能，那就是肯忍受屈辱，担负重任。我希望各位严守军令。不然，以军法论处，定斩不饶！"

众将听了陆逊的话后，虽然心中还有些不服，但这时候不敢违抗命令。在陆逊的指挥下东吴获得全胜，众将才真正了解了陆逊的军事才能。

人死留名

王彦章是五代时期的著名武将，以骁勇善战而闻名于世。他年轻时跟随梁太祖朱温转战各地。朱温死后，他又为继位皇帝朱友贞立下了汗马功劳。

当时，晋、唐两国都是梁的劲敌，战事仍频。一次，晋军攻破澶州，俘虏了王彦章的妻子和儿女，把他们带到太原。为了诱降王彦章，晋军没有杀害他的亲人，还专门给他们建了个宅院，待遇还很优厚。

然后，晋国派出使者秘密和王彦章接触，进行劝降。王彦章拒不投降，毅然杀掉了晋国使者。

末帝朱友贞昏庸无能，朝政大事把持在一伙奸臣手里。这些人嫉贤妒能，使王彦章的军事才华不得施展，致使梁国连连失地。

后来，晋军攻下郓州，梁人举国惊恐，末帝束手无策。宰相敬翔急忙来见末帝，哭着说："先帝在世的时候，我的主意他无不采纳，眼下强敌扰境，如果陛下不听忠言，今日我就死在你的面前！"

末帝无奈，忙求计策。敬翔道："陛下，军情火急，非王彦章不可呀！"末帝这才同意了宰相的荐举，命王彦章为招讨使，负责抵御晋军。

王彦章带领骑兵，三天之内就攻下滑州南城。但终因兵少无援而失利。那帮奸臣趁势诬告王彦章酗酒轻敌而败，末帝听信谗言，撤了他的职。

不久，唐军又来进犯兖州，末帝不得不再度起用王彦章。但这时强兵都已被奸臣所控制，只有京城中的五百骑御林军拨给他指挥。

【出处】　《新五代史·王彦章传》
【释义】　人在世建功立业，死了可传美名于后世。

这些御林军是新招募来的,根本不会打仗,没几天就败下阵来。王彦章负伤被擒。

王彦章被押到唐庄宗面前,唐庄宗想劝他归顺。王彦章怒目而视,吼道:"我王彦章是一介武夫,不懂经书礼仪,俗话说'豹死留皮,人死留名',哪有早晨效忠梁国,晚上又为唐国做事的道理?我与你血战十载,难道你还不了解大爷我的脾气!"他的铮铮之声,仿佛至今犹在耳边回荡。

及锋而试

韩信,淮阴(今江苏淮阴市)人,年轻时无正当职业,生活没有着落,不得已,到南昌亭长家混饭吃。时间久了,亭长的妻子渐渐觉得韩信讨厌,故意改换吃饭时间,使韩信不能按时就餐。韩信心中察觉,一怒之下与亭长断交。

秦末大乱,韩信仗剑从军,先是在项梁部队当一名小军官,项梁死后,改隶项羽部下,充任执戟郎。

韩信几次在项羽面前陈说天下大计,项羽不能领会,所以置若罔闻。韩信终于意识到在项羽军中得不到施展军事才能的机会,就不辞而别来到四川,在汉王军中服务。

有一次韩信误犯军法依律当斩,同案中的人依次被砍了脑袋,轮到韩信就刑时,他抬头问滕公:

"汉王难道不想打天下吗?为什么要杀壮士!"

滕公见韩信的语言新奇,面貌壮伟,命令释放韩信,并和他交谈。交谈中滕公十分钦佩韩信的才能与见识。滕公向汉王推荐韩

【出处】 《汉书·高帝纪上》

【释义】 比喻乘着有力量或有利时机而行动。

信,汉王任命韩信主管军粮,名为治粟都尉。

后来,韩信结识了萧何。萧何认为韩信很有军事才能。他多次地向汉王推荐过韩信,但仍得不到重用。

韩信觉得心灰意冷,便不辞而别。萧何得知韩信离开汉营,大为吃惊,顾不得向汉王报告,立即飞马追赶。汉王听说丞相萧何居然离他而去,非常震怒,如失掉双手一样,惶惶不可终日。隔了两天,萧何来拜见汉王。

汉王又气又喜地问:"你为什么逃走?"

萧何说:"我不是逃走,是追人去了。"

汉王听萧何说是追赶韩信,不高兴地问:

"将领私下走了不少,你都不追,为什么独独追赶一个韩信?"

萧何说:"大王如仅满足于当汉王,不追韩信也无所谓,如想统一天下,非用韩信不可,他是天下无双的奇才。"

汉王说:"我当然不甘心在此久住。"

萧何说:"如此则必重用韩信,如不肯重用,他还会走。"

汉王终于被萧何说动了心,相信韩信是个出色的军事人才,于是用最隆重的仪式,高筑将台在万马千军面前拜韩信为大将军,总领汉营兵马。

拜将仪式过后,汉王对韩信说:"丞相数次向我推荐你的才能,请将军谈谈怎样才能打败项羽?"

韩信详尽分析了楚汉形势,然后总结说:"汉营军中将士多是山东人,他们思乡心切,急于东归,正好乘着大小三军急切一战的锐气(及其锋而用之)引兵东进,先取三秦,天下不难定也。"

汉王听了之后,信心倍增,立即命韩信出川。当时四川与中原的交通要道已被破坏。韩信一面命樊哙佯装修栈道,一面秘密布置袭取陈仓(今陕西宝鸡市)。待陈仓为韩信攻取,楚汉之争的序幕即正式拉开了。项王意识到局面严重时,无奈为时已晚。

八斗之才

南朝宋时有个叫谢灵运的诗人，他聪明好学，读过许多书，是我国山水诗派的创始者。因为他袭了康乐公的封号，世人都叫他"谢康乐"。不久，他就遭到权臣的排挤，被派到永嘉(今浙江温州一带)去当太守。

离开繁华的京城后，谢灵运总觉得自己怀才不遇，因此常常扔下政务，径自去游览郡内的山水名胜，以此来发泄心中的怨恨。后来他干脆借口有病，辞官离开永嘉，移居到会稽(今浙江绍兴)，在依山傍水的地方，修建了精美的房舍，经常与友人夜以继日地酗酒作乐。有一次在千秋亭上饮酒时，谢灵运竟脱光了衣服，狂饮狂叫，地方官吏派人劝止，被他大骂了一顿。

谢灵运终日流连在山水之间，写下了许多诗篇。他的诗刻画自然景物逼真细致，受到当时人们的欢迎，大家争相传抄，流传很广。宋文帝即位后，很赏识谢灵运的才华，将他召回京城，让他做秘书监。文帝经常称赞谢灵运的诗作和书法是二宝，这样一来，原来自命不凡的谢灵运更加骄傲，不可一世了。谢灵运觉得魏晋二百年来，除了曹子建外，没有什么人可以与自己相比，他曾经夸口说："天下的才共有一石，曹子建独占八斗(八斗之才)，我得一斗，其余的人共分一斗。"

后来，谢灵运故态复发，不守朝廷法度，经常借口生病出城远游，被免去了官职。回到会稽后，谢灵运与太守发生争执，太守上书皇帝告他谋反。文帝知道他不会真的谋反，就把他派往临川(今江西

【出处】 宋·无名氏《释常谈》。原文：谢灵运曰："天下才有一石，曹子建独占八斗，我得一斗，天下共分用一斗。"

【释义】 才：才能。指极高超的文才。

抚州)去担任内史。谁知他仍然不改旧习。官府派人拘捕他,他竟然下令家将抵抗,结果被以叛逆罪处死,死时年仅四十九岁。

不寒而栗

汉朝汉文帝的时候,有一个出名的酷吏,名叫义纵,他为人十分凶恶残暴。义纵当定襄太守时,一到任就下令杀了两百多名犯人,又把私入监狱探望囚犯的两百多人,全部逮捕处死。史书上记载这件事时说:"义纵一天处死四百多人的消息一传出去,定襄地区顿时引起震动,老百姓万分恐惧,个个心惊胆战,不寒而栗。"

人类的体温是恒定的,通常在三十六摄氏度至三十七点四摄氏度的范围内波动。但这是从腋窝测得的体温,如果在口腔、直肠测温,那么体温还会稍高一些。这是因为身体内部的温度略高,例如直肠温度平均为三十七点五摄氏度,肝脏温度为三十八摄氏度,大脑温度也接受三十八摄氏度。可是身体表面的皮肤温度,却比这些内部器官低得多。比如人在二十三摄氏度的环境中,头部的皮肤温度是三十三摄氏度,背部的温度是三十二摄氏度,手是三十摄氏度,而脚只有二十三摄氏度。

人类的体温能够保持恒定不变,那是靠一套完整的"自动化装置"调节的体内的温度升高时,它能将多余的热量散发出去;体内的温度降低时,它又能产生热量来提高温度。在人周身的皮肤上以及某些黏膜上,分布有许许多多"温度感受器",它们像忠于职守的情报员,及时将冷热变化报告给"指挥部"。皮肤温度降到三十摄氏度时,人便可以通过感觉器而感到"冷"了。如果温度再下降,"指挥部"

【出处】 《史记·酷吏列传》

【释义】 天气不寒冷而身体发抖。形容非常惊恐、害怕。

就立即下指令，叫骨骼肌有节律地收缩，这就是"寒颤"。寒颤是四肢、颈肌、躯干肌、胸肌和背肌等全身绝大部分肌肉的运动，所以能够产生大量的热量，补充身体在寒冷环境中散发的体热，使体温升高。这个"指挥部"称作"寒颤中枢"，它设在丘脑后部，当然，它是在大脑的统一调度下，动员许多部门共同协作，完成这一件工作的。不过这还是"因寒而栗"。

人类"不寒而栗"的情形，其一是发生在生病的时候。由于致病因素的影响，下丘脑体温调节中枢功能失调，体内产热增加，皮肤血管收缩，血流减少，皮肤温度降低，病人感觉发冷，产生寒颤。此时实际上是热量在体内积聚，体温上升，病人在发高烧了。这是因为疾病而引起的"不寒而栗"。另一种"不寒而栗"是由于惊吓、恐惧，引起精神上过度紧张，通过交感神经调节，使得心跳加快，血压上升，皮肤表面的血管骤然收缩，血流量急剧减少，皮肤温度降低。隐藏在皮肤里的那些情报员——"温度感觉器"，便及时地向指挥部报告消息，"寒颤"中枢就下达命令，命令全身肌肉收缩，于是便出现"不寒而栗"了。

这时候往往还会发生出冷汗现象，这是因为刺激了"发汗中枢"，产生精神性发汗。人们常形容这种现象说："惊得面无血色，浑身发抖，出一身冷汗。"不过，这种惊得发抖从生理功能上来说，对身体倒起着一种保护作用。因为，"发抖"能够产生热量，使皮肤温度升高，从而避免皮肤过冷而对身体造成危害。

风马牛不相及

公元前 656 年，楚成王发奋图强，使楚国迅速强大并崛起于南方。于是他们从长江以南向中原地区拓展，严重威胁中原各诸侯国的安全。

当时齐桓公是中原的霸主，为了遏制楚国向北发展势力，便联合宋国、鲁国、卫国、郑国等军队一举挫败楚国盟国蔡国的抵抗，直逼楚国边境。

楚成王见联合大军就要长驱直入，认为齐国这次是师出无名，毫无正当理由对楚国进行军事威胁。当即派出使者来到联军驻地，当面指责齐桓公说："贵国地处北方，我国远在南方，即使牛马被大风吹得失群走散，也绝不会跑到对方的国土上去（君处北海，寡人处南海，唯是风马牛不相及也），没有想到您会跑到我们这里来，不知是何故，能解释一下原因吗？"

齐国宰相管仲听了楚国使者的问话，解释说："想当年邵康公代表周天子命令我国的先君姜太公说：列国诸侯，不论谁有违法行为，你都有权制裁，从而维护王室的尊严。我们齐国管辖的范围东到山东半岛一带的渤海，西边到黄河，南到山东临朐县南的大砚山，北到山东无棣县北。你们楚国该进贡的包裹青茅没能及时送到，影响了天子祭祀祖先时所用的贡酒没有办法过滤，我们是来询问这都是怎么回事？"楚国使者听了管仲的话，一时无言以对，管仲又接着说："还有，周昭王南巡来到汉水，时至今日一去不复返，汉水在你们楚国领土之上，昭王哪里去了，你们本应有保护他的义务，这又是怎么

【出处】《左传·僖公四年》
【释义】 比喻事物之间毫无关系。

回事?"

楚国使者见管仲步步紧逼,便不卑不亢地说:"贡物送达不及时,由我们楚国负责,至于周昭王在我们楚国失踪的问题,那就请您派人到汉水边找人打听去好啦!"

管仲听了楚国使者的问答,知道他不得要领,便又对他说:"你现在回去对楚成王说,我们齐国出兵是有理有据的,你替楚成王说的这些话我们非常不满意,对不起,你告诉楚成王,就让他率领楚军准备迎战好了!"

楚国使者未能完成使命只好转回楚国去了。联军在齐桓公的率领下继续向前推进,他们一路所向披靡,无所阻挡,一直进军到河南偃县境内的陉地才驻扎下来。

功败垂成

谢玄是东晋时期著名政治家谢安的侄儿,是东晋的一名出色的军事将领。晋孝武帝时,谢玄曾被任命为广陵相、兖州刺史,负责江北的军务,抵御北方逐渐强大起来的前秦。后因作战有功,加封徐州刺史,封东兴县侯。

公元383年,前秦国大将苻坚率领百万大军南侵,企图一举灭晋。谢玄率兵八万迎敌,在洛涧大破秦军前哨,苻坚锐气受挫,军心混乱。晋军进至淝水,要求秦兵略向后移,以便渡河决战。苻坚打算趁晋军渡河之际发起猛进攻,因此,同意后撤。可是,秦军一退就无

【出处】 《晋书·谢安传论》。原文:降龄何促,功败垂成,拊其遗文,经纶远矣。

【释义】 垂:即将。指事情在将要成功的时候失败了,含惋惜意。也作"事败垂成"。

法控制，将士们以为打了败仗，纷纷溃逃。晋军乘机渡水攻击，秦军大败。谢玄乘胜攻占洛阳、彭城等地。这就是历史上有名的淝水之战。

淝水大捷之后，谢玄领兵乘胜北伐，很快便收复了北方大片的失地，使东晋的军事形势大大好转，外部的威胁大大减弱。然而，就在这大好的形势下，东晋统治阶级的内部却矛盾重重，日益尖锐。谢玄本想进一步巩固已经收复的失地，以便再次采取军事行动，却遭到司马道子等人的妒忌，借口出兵时间太久，要他把军队撤回来，坐镇淮阴。

由于当时未能对收复失地采取巩固的措施，结果，有的地方又发生了叛乱。谢玄亲眼目睹取得的成果又付诸东流，悲愤交加。他上书晋孝武帝，请求辞职，却没有得到许可。在回防的路上，谢玄得病再次辞职，仍然没有获准，终于被病魔夺去了生命。

谢玄死时只有四十六岁。他毕生致力于统一北方的志愿，终于未能实现。

好大喜功

唐太宗李世民是唐代的第二代君王，他跟随父亲李渊趁隋末之乱起兵，南征北战，打了无数胜仗，为平定内乱，建立李唐王朝，立下了大功。

李渊起兵反隋后，即挥师从太原向都城咸阳进发，经过霍邑时，遇到了隋朝大将宋老生的顽强抵抗。

【出处】　《新唐书·太宗纪赞》
【释义】　喜欢做大事、立大功。多形容浮夸、不切实际的行为。

而且老天也不帮忙，连日阴雨，大军的粮食也快吃完了，李渊就打算退回太原。

李世民说："我们已经诏告天下，起义兵反暴隋，应一直打到咸阳，夺取天下。如果退回去，据守太原，那就是反贼了。"李渊不听，仍传令撤军。

李世民见部队开始后撤，忍不住号啕大哭，李渊很吃惊，就问他为什么。

李世民说："撤兵，士气自然会低落，敌人则会从背后趁机追杀，不要多久我们都会死了，所以我伤心啊！"

李渊一听，顿时醒悟，派李世民去追回了大部队。不久，雨停了。李世民一马当先，领着将士们英勇奋战，终于攻下了霍邑，扫清了西进咸阳的障碍。

李渊建立唐王朝后，就立大儿子李建成为太子。但是李建成的才干和功劳远远比不上李世民，他担心终有一天李渊会让李世民来取代他，就密谋除掉李世民。李世民知道后，先下手为强，杀了李建成。李渊见木已成舟，只好让位于李世民。

李世民当了皇帝后，采取了一系列的措施，发展生产，还广开才路，不拘一格选拔人才，国家很快恢复了战乱造成的创伤，逐渐兴旺发达起来。

李世民对历代帝王功成业就后就诛杀功臣的做法感触很深，为了提醒自己别忘了功臣们的业绩，他让人画了二十四个功臣的像，挂在凌烟阁上。

在李世民统治下，国家兴旺，政治清明，形成了历史上有名的"贞观之治"。《新唐书》的作者把李世民比作是古代周武王那样的圣明君王。但也指出他晚年好大喜功，为了扩大唐朝势力，领兵亲征辽东，为后人留下了话柄。

读 书 笔 记

_____年_____月_____日